dtv

dtv
portrait

Herausgegeben von Martin Sulzer-Reichel

Albrecht Hagemann, geboren 1954 in Detmold, studierte Geschichte und Sozialwissenschaften in München und Bielefeld. 1988 promovierte er an der Universität Bielefeld mit einer Arbeit über die deutsch-südafrikanischen Beziehungen während des Dritten Reiches. Heute arbeitet er als Gymnasiallehrer in Herford. Unter anderem publizierte er eine Biographie Nelson Mandelas sowie eine Geschichte Südafrikas.

Fidel Castro

von Albrecht Hagemann

Deutscher Taschenbuch Verlag

Weitere in der Reihe **dtv portrait** erschienene Titel
am Ende des Bandes

Originalausgabe
März 2002
2. Auflage Juni 2003

www.dtv.de

Umschlagkonzept: Balk & Brumshagen
Umschlagfoto: © AKG, Berlin
Satz und Layout: Agents – Producers – Editors, Overath
Druck und Bindung: APPL, Wemding
Gedruckt auf säurefreiem, chlorfrei gebleichtem Papier
Printed in Germany ISBN 3-423-31057-X

Inhalt

1 Fidel Castro, »¡Viva Cuba!« Sowjetische Postkarte mit einem Portrait Castros vor der Flagge Kubas. Farbdruck, 1963

Einleitung

Mythen, Geschichten und Gerüchte umgeben das Leben von Fidel Castro. Sie haben ihre Ursache zum einen in den Versuchen der Selbstdarstellung Castros angesichts von Brüchen und Wendungen in seinem Leben, zum anderen in der enormen politischen Polarisierung, die das sozialistische Experiment Kuba hervorgerufen hat. Fidel Castro im Kalten Krieg: Über Jahrzehnte teilten sich die Beobachter der politischen Szene Kubas und ihres Hauptprotagonisten in Sympathisanten, kritische vielleicht, und erbitterte Feinde, die dem siegreichen Revolutionär nichts weniger als den Tod wünschten.

Ein rundes Vierteljahrhundert nach seinem Triumph über die Truppen des Diktators Batista spekulierte Castro in einem Interview über die Uhrzeit seiner Geburt. Es sei zwei Uhr morgens gewesen, also sei er ein geborener Guerilla-Kämpfer. Und das Geburtsjahr 1926? Auch dieses – genauer: die Zahl 26 – rückt Castro an gleicher Stelle des Interviews in einen geradezu mythischen Zusammenhang.

Eins ist gewiß: Wo auch immer er ist und bei wem er ist, Fidel Castro kommt, um zu siegen. Ich glaube kaum, daß es auf der Welt einen schlechteren Verlierer gibt. Seine Haltung gegenüber einer Niederlage, und sei es in kleinen alltäglichen Dingen, scheint einer Privatlogik zu gehorchen: Er gibt sie nicht zu und hat keinen Augenblick Ruhe, bis es ihm gelingt, die Vorzeichen umzukehren und die Niederlage in einen Sieg zu verwandeln ... Es gibt kein Projekt, sei es kolossal oder winzig, in das er sich nicht mit Leidenschaft hineinhängt. Und besonders, wenn er sich der Widrigkeit entgegenstellen muß. Dann scheint er so gut auszusehen, so gut aufgelegt, so gut in Form zu sein wie nie. Einer, der ihn zu kennen glaubt, hat zu ihm gesagt: »Es muß sehr schlecht stehen, weil Sie so prächtig aussehen.«

Gabriel García Márquez, »Mein Freund Castro«,
in: ›Die Zeit Magazin‹, 25. Juli 1997

Mit 26 habe er den bewaffneten Kampf aufgenommen, der 13. Tag des Monats August sei sein Geburtstag, und 13 ist immerhin die Hälfte von 26. Nicht genug damit, sein legendärer Angriff auf die Moncada-Kaserne von Santiago de Cuba erfolgte im Jahre 1952, 52 ist zweimal 26. Und weiter: Der Tag des Angriffs fiel auf den 26. Juli, und folglich erhielt die entstehende Guerilla-Organisation den Namen »Bewegung des 26. Juli«. Castro fährt fort: Mit dieser Organisation landete er, aus Mexiko kommend, zur Befreiung Kubas im Jahre 1956, was, so Castro, die runde Zahl 30 plus 26 sei.

Zahlen und Mythen: Waren es wirklich zwölf Überlebende, mit denen sich Castro in die wilde Sierra Maestra zurückzog, nachdem die rund 70 anderen Revolutionäre, mit denen er 1956 von Mexiko zur Befreiung Kubas aufgebrochen war, von der Luftwaffe Batistas vernichtet worden waren? Jesus machte immerhin zwölf seiner Jünger zu Aposteln.

Doch auch die Biographen Fidel Castros geizten in dem von Verehrung oder blindem Haß geprägten Bild ihres Helden nicht mit Entstellungen aller Art.

Bis heute ungeklärt ist Castros Rolle während eines Treffens lateinamerikanischer Studenten in der kolumbianischen Hauptstadt Bogotá im Jahre 1948, das zeitgleich mit der Gründungsveranstaltung für die Organisation Amerikanischer Staaten (OAS) stattfand und von blutigen Unruhen begleitet war. Der teilnehmende US-Diplomat William Pauley glaubte sich über zehn Jahre nach den Ereignissen in Bogotá und kurz nach dem Sieg der Revolutionäre über das Regime Batista erinnern zu können,

2 Castro: auch ein beliebtes ▶
Sujet der Karikaturisten

seinerzeit in Bogotá folgende Durchsage im Radio gehört zu haben: »Dies ist Fidel Castro aus Kuba. Dies ist eine kommunistische Revolution.« Eine solche Äußerung, die durch keine weitere Zeugenaussage gestützt wird, fügte sich in das anticastristische Propagandaklischee der amerikanischen Regierung. Ihr mythenbildender Charakter wird um so augenfälliger, wenn man bedenkt, daß Pauley angesichts des revolutionären Nationalisierungsprogramms auf Kuba viel zu verlieren hatte: Immerhin war er Gründer und Anteilseigner von Cubana Airlines sowie der Havanna Trolley Company.

Die Chicagoer Journalistin Georgie Anne Geyer hat eine Auswahl plastischer Titulierungen des Comandante zusammengetragen. Danach darf er sich rühmen, Napoleon der Dritten Welt, Kopf des ersten faschistischen Linksregimes der Geschichte, psychopathischer *caudillo* oder aber sozialistischer *caudillo*, Jesus Christus auf Erden, alternder Zuhälter, sozialistischer Reklamefritze, Allerweltsdiktator, verhinderter Demokrat, Kommunist, galicischer Kazike, Machiavellis Prinz, Francos klassischer Guerillero, inquisitorischer Bischof, karibischer Proteus oder aber ein klassischer opportunistischer Hurensohn zu sein. Geyer selbst bezeichnet Castro als den wahrhaft letzten Kommunisten.

Kubanische Kindheit und Jugend

Daß Fidel Castro am 13. August 1926 geboren wurde, gilt heute als allgemein anerkannt. Auch das ist nicht selbstverständlich, immerhin legte eine ausführliche sowjetische Biographie des Kubaners das Geburtsjahr auf 1927. Castro selbst kokettiert mit dieser Zahl, er wäre dann, so sein Kommentar, noch ein Jahr jünger gewesen, als er die Macht auf der Zuckerinsel übernahm. Die Verwirrung um das Geburtsjahr rührt wahrscheinlich von elterlichen Schummeleien bei der Einschulung ihres Filius her, weniger hingegen von Fidels Castros angeblichen Versuchen, den Status seiner unehelichen Herkunft zu verschleiern.

Das kleine Birán im Oriente, dem wilden schönen Osten Kubas, ist der Ort von Castros Geburt und die nahegelegene Hazienda »Mañacas« seine Heimat.

Fidel Alejandro Castro Ruz, so sein vollständiger Name, entstammt einer illegitimen Verbindung seines Vaters Angel Castro. Dieser war zunächst mit der Lehrerin María

Argota verheiratet gewesen, eine Ehe, aus der die beiden Kinder Pedro Emilio und Lidia hervorgegangen waren. Pedro Emilio brach später mit seinem Vater, bezeichnete ihn über das Radio gar als Dieb und wandte sich in der Partei der Autenticos der Politik zu. Lidia heiratete später einen Armeeoffizier.

Fidels Mutter, Lina Ruz González, zog nach dem Ersten Weltkrieg als Mädchen mit ihren Eltern aus der im äußersten Westen gelegenen Provinz Pinar del Rio über 1000 km in den Oriente. Hier fand sie, vielleicht fünfzehnjährig, bei der Familie Maria und Angel Castro eine Anstellung in der Küche des Hauses, und offensichtlich machte der *patrón* sie alsbald zu seiner Geliebten. Noch zu Lebzeiten seiner ersten Frau gebar Lina Ruz Angel sieben Kinder: Angela, Ramón, Fidel, Juana, Emma, Raúl und Augustina. Drei von Fidel Castros Geschwistern sollten in seinem weiteren Leben eine gewisse Rolle spielen. Ramón leitete später das Verstaatlichungsprogramm in der Landwirtschaft des Oriente, während Raúl sich zu einem lebenslangen Kampfgefährten bis hinein in die Gegenwart entwickelte. Andererseits wurde Juana nach der siegreichen Revolution zu einer feurigen Gegnerin ihres berühmten Bruders. Er ließ sie – im Gegensatz zu den sonst üblichen Usancen bei kubanischen Exilanten – mit viel persönlichem Gepäck und Wertsachen in die USA auswandern.

María Argota de Castro setzte ihre Scheidung von Angel durch, und kurz nach Fidel Castros Geburt heiratete er Lina Ruz. Es ist umstritten, ob seine Illegitimität Fidel Castro zu schaffen gemacht hat. Die Tatsache, daß der

◀ 3 Seltene Aufnahme von Castros Eltern in Birán mit zwei unbekannten Nachbarinnen

ansonsten überaus redselige Castro, der immerhin ein ganzes Buch in Gesprächsform seiner Kindheit und Jugend weihte, zu diesem Punkt eisern schweigt, macht stutzig. »Kein Wunder«, urteilt die Kuba-Kennerin Alma Guillermoprieto, »daß Fidel bald die für einen Ausgestoßenen typische Manie für Ansehen und Würde entwickelte, ebenso wie die Fixierung auf den strategischen Erstschlag.«

Angel Castro wird als physisch kräftiger und willensstarker Mann beschrieben, der aus ärmlichen Verhältnissen Galiciens, dem äußersten Nordwesten Spaniens, stammte. Auf der Seite der Spanier nahm er 1895 am sogenannten Zweiten Unabhängigkeitskrieg Kubas gegen

4 Der Vater Castros, Angel

5 Die Mutter: Lina Ruz

6 Karte Kubas von 1898 ▶

die spanische Krone teil und kehrte nach der Niederlage Spaniens in seine Heimat zurück, um in den ersten Jahren des 20. Jahrhunderts als mittelloser Einwanderer erneut kubanischen Boden zu betreten.

Nach der Landung von Christoph Columbus an der Küste Kubas im Oktober 1492 – der Entdecker bezeichnete die Insel als das schönste Stück Erde, das je ein Menschenauge erblickt habe – geriet Kuba für knapp vier Jahrhunderte unter spanische Herrschaft. In den Jahren 1511 bis 1515 unterwarf Diego Velázquez die Insel für die Krone und mit ihr die eingeborenen Indianer. Während des 16. Jahrhunderts eigneten sich reiche Spanier weite Teile Kubas als Landbesitz an. Die ca. 200 000 Indianer wurden versklavt oder aber durch Epidemien und Massaker ausgerottet. Die damit entfallende Arbeitskraft ersetzten die Eroberer duch schwarze Sklaven aus Westafrika. Seit dem 17. Jahrhundert gehörten Tabak und Zuckerrohr zu den von den Spaniern bevorzugten Anbauprodukten.

In den Jahren von 1791 bis 1804 organisierte Toussaint l'Ouverture auf der Nachbarinsel Haiti einen Sklavenaufstand, dem eine Massenflucht französischer Siedler folgte und zur Unabhängigkeit der Insel von Frankreich führte. Die erfolgreiche Guerillabewegung inspirierte andere Freiheitsbewegungen in der Karibik und weckte in den

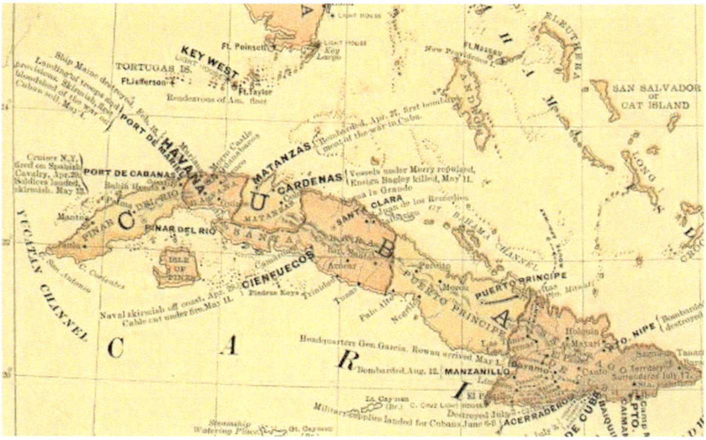

jungen, selbst sklavenhaltenden Vereinigten Staaten von Amerika Argwohn gegenüber schwarzen Aufstandsversuchen.

Die französischen Neuankömmlinge auf Kuba legten die ersten Kaffeeplantagen an, intensivierten den Zuckerrohranbau und betrieben eine Verstärkung des Sklavenimports, an dem sich nicht zuletzt US-amerikanische Schiffseigner bereicherten. Das Ende des haitianischen Zuckermarktes machte Kuba im Gegenzug zum Hauptzuckerexporteur, was sich in der Beschäftigung von über 400 000 Sklaven in den Rohrzuckermühlen spiegelte.

Unter Präsident Thomas Jefferson erkundeten die USA im Jahre 1808 auf Kuba erstmals die Möglichkeit, die quasi vor ihrer Haustür liegende Insel von den Spaniern überlassen zu bekommen. Das politisch geschwächte Spanien erlaubte 1818 den kubanischen Häfen die Öffnung für den internationalen Handel – von kurzen Ausnahmen abgesehen, hatte er bis dahin immer in spanischer Hand gelegen.

Simón Bolívar, der gefeierte Befreier Lateinamerikas von der spanischen Herrschaft im ersten Viertel des 19. Jahrhunderts, inspirierte auch die Bewegung Soles y Rayos (»Sonnen und Strahlen«) auf Kuba mit dem Ziel einer Trennung der Insel vom Mutterland. Innerhalb von zwei Jahren gelang Madrid jedoch die Niederwerfung der Bewegung. Im Gegenzug rückten nunmehr die USA näher an die Insel heran: Im April 1823, wenige Jahre nach der Übernahme ganz Floridas von den Spaniern, spekulierte Außenminister John Quincy Adams in einem Brief über die Wahrscheinlichkeit einer Annexion Kubas

7 Tabakplantage auf Kuba. ▶
Kolorierter Stich aus dem
19. Jahrhundert

durch die USA in den nächsten 50 Jahren mit jener Metapher, derzufolge der vom »unnatürlichen Stamm Spanien fallende Apfel Kuba« naturgesetzlich den riesigen Vereinigten Staaten zufallen müsse, andererseits die USA nicht wider die Natur diese Frucht »von ihrem Busen abwerfen« könnten. »La fruta madura« – die reife Frucht, die den USA eines Tages in den Schoß fallen wird – heißt dieser Zustand in Kuba bis heute.

Adams' Diktum über Kuba ging nur wenige Monate jener berühmten Erklärung voraus, mit der die gerade unabhängig gewordenen Kolonien Nordamerikas ihre Einflußzone in der westlichen Hemisphäre absteckten. Präsident James Monroe erklärte die nach ihm benannte Doktrin am 2. Dezember 1823: Europa sollte sich in Zukunft aus dieser Weltgegend fern-, die USA würden sich dafür aus europäischen Händeln heraushalten.

Um die Mitte des 19. Jahrhunderts war die kubanische Zuckerindustrie die mechanisierteste der Welt. Im Jahre 1850 erzielte das weiße Gold 83 % der kubanischen Exporterlöse, davon stammten 40 % aus den USA als Teil des berüchtigten Dreieckshandels: Zucker in die USA,

Rum nach Afrika und Sklaven nach Kuba. Schwarze Sklaven machten in dieser Zeit mit rund 600 000 Menschen über 50 % der kubanischen Bevölkerung aus, wiederholte Aufstände endeten in blutiger Unterdrückung.

Ausgerechnet der Zuckerbaron Carlos Manuel de Céspedes löste 1868 mit der Freilassung seiner Sklaven den Aufstand der freiheitswilligen Kubaner gegen die spanische Herrschaft aus und entfachte damit den Ersten Unabhängigkeitskrieg Kubas. Die »Republik in Waffen« kämpfte zehn Jahre für die Abschaffung der Sklaverei und die Freiheit von Spanien, doch ohne durchgreifenden Erfolg. Der Friedensvertrag von Zanjón aus dem Jahr 1878 erbrachte nur kleine Verbesserungen, und so konnte es nicht überraschen, daß führende Guerilleros ihn nicht anerkannten. Máximo Gómez, Antonio Marceo und José Martí agitierten z. T. vom amerikanischen Exil aus gegen den Vertrag. Vor allem Martí rückte mehr und mehr in den Mittelpunkt exilkubanischer Stimmen, der Dichter und Philosoph schrieb von New York aus für lateinamerikanische Zeitungen, und er scheute sich auch nicht, aus dem Herzen des amerikanischen Kapitalismus heraus den US-amerikanischen Imperialismus zu geißeln. Die großen Landbesitzer Kubas hatten es mittlerweile profitabler gefunden, die Sklaven freizulassen und ihre Arbeitskraft saisonbedingt durch – bescheidene – Löhne zu mieten, so daß ihre ganzjährige Unterhaltung entfiel. Am 7. Oktober 1886 erfolgte die endgültige Abschaffung der Sklaverei durch die Krone daher nur folgerichtig.

Im Jahre 1895 brach auf Kuba der Zweite Unabhängigkeitskrieg gegen Spanien aus. Er wurde im Osten der In-

Cultivo una rosa blanca
En julio como en enero,
Para el amigo sincero
Que me da su mano franca.

Y para el cruel que me arranca
El corazón con que vivo,
Cardo ni ortiga cultivo,
Cultivo una rosa blanca.

José Martí

sel von José Martí angeführt. Während eines Gefechts bei Dos Rios, unweit der Heimat Fidel Castros, fiel er am 19. Mai desselben Jahres. Einen Tag zuvor, am 18. Mai, hatte er in seinem letzten Brief geschrieben, es sei seine Pflicht, die Ausbreitung der USA über Westindien zu verhindern und damit die Unabhängigkeit Kubas zu bewahren. Er habe alles in seinem Leben für dieses Ziel gegeben: »Ich habe inmitten dieses Monsters gelebt und kenne es von innen.« José Martís Schriften, sein Leben im Exil sowie sein blutiger Märtyrertod auf dem Boden der Heimat sind in ihrer Bedeutung und Symbolkraft für Leben und Werk Fidel Castros nicht zu überschätzen.

Im Januar 1898 rechtfertigten die USA die Entsendung ihres Schlachtschiffes *Maine* nach Kuba mit Gerüchten über eine angebliche Bedrohung amerikanischer Staatsbürger auf der Insel. Am 15. Februar explodierte das Schiff aus immer noch ungeklärter Ursache im Hafen von Havanna und riß dabei 260 Besatzungsmitglieder in den Tod. Die USA machten für diesen Vorfall Spanien verantwortlich, das sich schließlich nach einer amerikanischen

8 Am 28. Januar 1853 geboren, gilt der Dichter und Freiheitsheld **José Martí** als größte Gestalt der kubanischen Geschichte und als einer der geistigen Mentoren Fidel Castros. Seit seiner Zwangsarbeit in einem Steinbruch trug Martí einen aus einem Glied seiner Kette gearbeiteten Ring, in den »Cuba« eingraviert war. Aus seinem Exil in New York schrieb er für Zeitungen in Nord- und Südamerika und gründete in seiner Heimat die Kubanische Revolutionspartei. Er fiel im Zweiten Unabhängigkeitskrieg als einer der ersten Märtyrer am 19. Mai 1895.

Militärintervention Anfang 1899 von der Insel zurückzog. Die Kubaner tauschten bei dieser Gelegenheit nur eine Fremdherrschaft gegen eine andere ein: Statt der spanischen wehte seit dem 10. Dezember 1898 nunmehr die amerikanische Flagge über Havanna, und eine erste US-Militärherrschaft folgte der spanischen.

Im Jahre 1901 erlangte die Insel zwar formell ihre Unabhängigkeit, und sie wurde ein Jahr darauf zur Republik erklärt, doch schränkte das berühmte »Platt Amendment«, das der US-Kongress am 2. März jenes Jahres annahm, die Souveränität des Landes entscheidend ein. Dieser Zusatz, der erzwungenermaßen auch in die kubanische Verfassung aufgenommen wurde, sah vor, daß das freie Kuba nur begrenzte außenpolitische Freiheit habe und daß die USA militärisch zu jeder Zeit intervenieren

9 Das Wrack der *Maine* nach der Explosion im Hafen von Havanna

könnten. Kuba werde sich ferner auf dem Verhandlungsweg zur Überlassung von Nachschub- und Marinestationen für die USA bereit erklären.

Bis in die dreißiger Jahre machten die USA insgesamt viermal Gebrauch von ihrem Interventionsrecht. Leonard Wood, der letzte Gouverneur, schrieb an Präsident William McKinley unter anderem, unter dem Platt Amendment werde es selbstverständlich wenig oder gar keine kubanische Unabhängigkeit geben. Deutlicher noch äußerte sich Senator Chauncey Depew. Der Tag sei nicht mehr fern, so Depew, an dem es fünf oder sechs Millionen Kubaner geben werde, die, erzogen nach amerikanischen Grundsätzen, der amerikanischen Staatsbürgerschaft wert seien. »Dann«, so fuhr er fort, »werden wir auf Grund einer kubanischen Initiative einen weiteren Stern in unserer Flagge willkommen heißen dürfen.« Amerikanisches Kapital strömte seit 1901 auf die Insel. Zuckerrohr, Zitrusfrüchte, Rinderfarmen und die Ausbeutung der Nickelvorkommen im Oriente bildeten die Hauptinvestitionsbereiche für dieses Geld. Weite Landstriche fielen in den Besitz US-amerikanischer Konzerne, unter denen die United Fruit Company eine der mächtigsten war. Sie erschloß den Osten der Insel vor allem für den Zuckerrohranbau und ließ dort die Macht des Dollars wirken. Einer, der davon profitierte, war der Vater Fidel Castros.

Der bettelarme Galicier diente sich als Hilfsarbeiter in Diensten der United Fruit Company empor, sparte, wo und was immer er konnte, und legte sein kleines Vermögen in Landkäufe südlich der Bay of Nipe unweit des

10 Senator Chauncey M. Depew (1834–1928)

Dorfes Birán an. Als Fidel Castro ein kleiner Junge war, hatte Angel Castro es bereits zu etwas gebracht: Rund 800 Hektar Land gehörten ihm, 10 000 weitere Hektar pachtete er von der Company. Eine Sägemühle zählte ebenso zu seinem Besitz wie weite Zuckerrohrfelder und Anteile an einer Nickelmine. Um die Mitte der fünfziger Jahre wurde der Wert seines Besitzes auf 500 000 Dollar geschätzt.

Angel Castro stand in dem Ruf, ein harter, zupackender und unerhört fleißiger Mensch zu sein, zu dem sein Sohn Fidel jedoch nie ein Gefühl familiärer Wärme entwickelte. Während der Vater religiösen Fragen desinteressiert gegenüberstand, galt die Mutter als streng katholisch, und sie hat ihre Kinder entsprechend zu prägen versucht.

Fidel Castro genoß seine Kindheit inmitten der bukolischen Natur des Oriente, er liebte das Leben im Freien, das Fischen in den Flüssen, das Jagen und das Klettern in den nahen Bergen. Bergsteigen sollte immer seine Leidenschaft bleiben. Er fühlte sich durchaus geborgen in den einfachen Traditionen und Überzeugungen seiner Eltern, die beide des Lesens und Schreibens lange Zeit unkundig gewesen waren und sich die nötigsten Kenntnisse selbst aneignen mußten. Castro erinnert sich an die christlichen Bräuche auf »Mañacas«, etwa daran, daß er zum 6. Januar in Erwartung reicher Geschenke Wasser und Gras für die Kamele der Drei Weisen aus dem Morgenland unter seinem Bett bereitstellte.

Es gab jedoch ein paar schwarze Schüler an der La-Salle-Schule. In dieser Hinsicht waren sie demokratischer. Es gab keine schwarzen Schüler am College von Dolores; alle waren angeblich weiß. Das hat mich oft erstaunt, sowohl dort als auch an der Schule in Havanna, die ich später besuchen sollte. Ich wunderte mich, warum es keine schwarzen Schüler gab. Ich erinnere mich an die einzige Antwort, die mir gegeben wurde: »Nun ja, es ist so, weil es nur wenige gibt, und ein schwarzes Kind unter so vielen weißen würde sich nicht wohl fühlen.« ... Dieses Argument wurde mir gegeben. Ich fragte mehrmals und erhielt immer die gleiche Antwort. Ich wußte nicht, daß Rassendiskriminierung herrschte. Wie sollte jemand, der noch in der sechsten Klasse war – vor allem, wenn er nicht aus einer Arbeiterfamilie kam oder eine Fa-

Während Fidel Castro als Kind neureicher Eltern das Privileg hatte, Schuhe tragen zu dürfen, liefen seine Spielkameraden barfuß umher, ein Unterschied, der sich ihm früh einprägte. Sie hänselten ihn gelegentlich als »Juden«, ließ doch seine Taufe ungewöhnlich lange auf sich warten. Castro erinnert sich, daß die Bezeichnung »Jude« wohl etwas Despektierliches transportierte, er meinte aber als Kind, ein so bezeichneter Vogel Kubas sei gemeint gewesen.

Don Fidel Pino Santos, ein politisch einflußreicher Millionär und Freund von Vater Angel, ist der Namensgeber Fidel Castros; eigentlich hätte er sein Patenonkel werden sollen. Doch kam es nie zu einem Zusammentreffen eines Priesters, Don Fidels und der Familie Angels in Birán, so daß die wohlkalkulierte Patenschaft ausblieb und Fidel Castro schließlich erst im Alter von fünf oder sechs Jahren in Santiago de Cuba getauft und der mittellose Konsul von Haiti in Santiago, Luis Hibbert, sein Patenonkel wurde.

Castro war mit fünf von seinen Eltern zu den Hibberts gegeben worden, damit er in Santiago die La-Salle-Schule der Maristen-Brüder besuche. Er hegt überwiegend negative Erinnerungen an die Zeit im Hause des Konsuls, es scheint, als hätte dieser es nur auf die Unterhaltszahlungen der Castros abgesehen. Der Schüler sah einen Ausweg aus Gängelung und Geiz bei den Hibberts, indem er auf Aufnahme in das Internat von La Salle spekulierte,

milie hatte, die es ihm erklären konnte –, davon gewußt haben? Ich fragte … bloß aus reiner Neugier. Ich bekam eine Erklärung und akzeptierte sie mehr oder weniger. Ich kann mich nicht an einen einzigen schwarzen Schüler während meiner Zeit dort erinnern. Sie werden nicht einmal einen Mulatten aufgenommen haben. Natürlich machten sie keinen Bluttest bei jedem, der auf die Schule kam, wie Adolf Hitlers SS ihn verlangt hätte; aber, wenn man nicht weiß aussah, kam man nicht hinein. Ich weiß nicht, wie viele Fälle es gab oder ob Familien das angefochten haben. Es gab für mich keine Möglichkeit zu wissen, wie viele Schüler abgewiesen wurden, weil sie nicht rein weiß waren.

Castro über Rassismus an den Schulen, die er besuchte

denn, so sagte er später, das Internat bedeutete Freiheit. Durch eine bewußte Provokation seiner Lehrer brachte er seine Gasteltern endlich dazu, sich von ihm zu trennen und im Internat anzumelden. Am Ende der 4. Klasse bei den Maristen erreichten Vater Angel schlechte Beurteilungen des Sohnes, woraufhin er beschloß, ihn von der Schule zu nehmen. Fidel Castro protestierte, er wollte sehr wohl weiter auf die Schule in Santiago und nötigte schließlich seine Eltern, diesem Wunsch nachzukommen, indem er drohte, andernfalls das Elternhaus anzuzünden. Starrsinn zahlt sich aus: Das war die Lehre, die der Junge aus dieser ersten Krise seines Lebens zog. Er wurde nunmehr jedoch in der Jungenschule Dolores in Santiago angemeldet, eine Jesuiten-Institution, die hohe Anforderungen an ihre Zöglinge stellte. Etwa neun Jahre alt, wohnte Castro zunächst bei einer Kaufmannsfamilie in Santiago und war somit wiederum Tagesschüler. Er haßte seine Gasteltern und trachtete erneut nach Aufnahme in das Internat der Schule. Seine Schwester Angela, die auf eine Mädchenschule Santiagos ging, scheint damals seine einzige Vertraute gewesen zu sein. Fidel fälschte Zensurendokumente, um weiterhin Geld für den Schulbesuch von zu Hause zu bekommen. In Dolores zeigte er beachtliche schulische Leistungen, allein ein längerer Krankenhausaufenthalt wegen einer Blinddarmentzündung hinderte ihn am Überspringen einer Klasse.

Zurück vom Krankenlager, fand sich Castro häufig eingesperrt im Hause seiner Gasteltern. Er nutzte die Zeit zum Nachdenken, zum Lesen von Comics und geschichtlichen Darstellungen, vorzugsweise solcher militärischen

Der Sommer kam, und sie ließen mich in Santiago, weil meine ältere Schwester dort lernte. Eine schwarze Lehrerin aus Santiago de Cuba kam als Nachhilfe für meine Schwester ... Sie interessierte sich für mich ... Sie war die

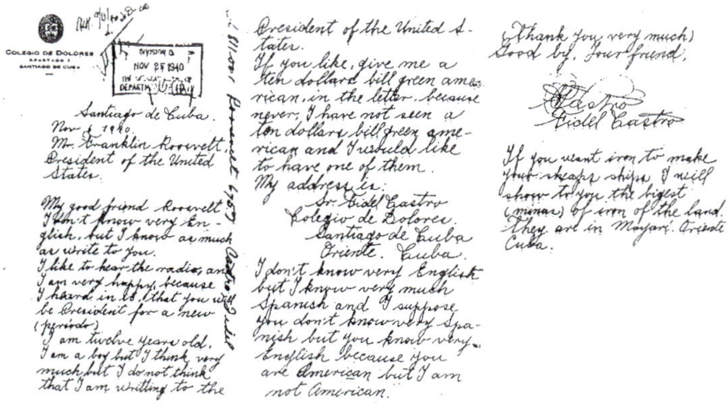

Colegio de Dolores
Santiago de Cuba

NOV 25 1940

Santiago de Cuba
Nov 6 1940.
Mr. Franklin Roosvelt,
President of the United States.

My good friend Roosvelt I don't know very English, but I know as much as write to you.
I like to hear the radio, and I am very happy, because I heard in it, that you will be President for a new (periodo)
I am twelve years old. I am a boy but I think very much but I do not think that I am writting to the President of the United States.
If you like, give me a ten dollars bill green american, in the letter, because never, I have not seen a ten dollars bill green american and I would like to have one of them.
My address is:
Sr. Fidel Castro
Colegio de Dolores
Santiago de Cuba
Oriente. Cuba.
I don't know very English but I know very much Spanish and I suppose you don't know very Spanish but you know very English because you are American but I am not American.
(Thank you very much) Good by. Your friend,
Fidel Castro

If you want iron to make your sheaps ships I will show to you the bigest (minas) of iron of the land. They are in Mayarí. Oriente Cuba.

11 Im November 1940 schrieb Fidel Castro einen Brief an Franklin D. Roosevelt, in dem er dem Präsidenten in holprigem Englisch zur Wiederwahl für die dritte Amtsperiode gratulierte. »Ich bin noch ein Junge, aber ich denke sehr viel nach … Wenn Sie wollen, schikken Sie mir eine grüne amerikanische Zehn-Dollar-Note im Brief, denn ich habe noch nie eine gesehen und würde gerne eine besitzen.« Roosevelt antwortete, schickte aber kein Geld. Der Brief wurde öffentlich an der Schule ausgehängt.

Inhalts. Wieder gelang es ihm, eine Trennung von den Gasteltern zu erreichen und als Internatsschüler von Dolores aufgenommen zu werden. Im Alter von etwa zwölf Jahren erkannte Castro, daß er mehr und mehr sein eigener Herr wurde, sich auch gegen die strengen Lehrer der Jesuiten-Schule durchzusetzen und dabei nichts weniger als bemerkenswerten Mut zu beweisen vermochte.

Etwa zu dieser Zeit zeigte sich Castro auch daheim auf der elterlichen Hazienda rebellisch. Obwohl er wie selbst-

erste Person, die mich ermutigte, die mir ein Ziel setzte … und die mich motivierte. Sie brachte mich dazu, Interesse am Lernen zu finden, als ich klein war … Ich hatte eigentlich nie einen echten Ratgeber. Am nächsten kam dem noch die schwarze Lehrerin … Sie setzte mir ein Ziel und motivierte mich.

Castro über seine Erfahrungen am Dolores-Jesuitencollege, als er etwa 11 Jahre alt war verständlich die finanzielle Unterstützung des Vaters für seinen Schulbesuch in Anspruch nahm, organisierte er offensichtlich einen kleinen Streik der Farmarbeiter gegen den Herrn von »Mañacas«.

Ein hervorragender Sportler – im Jahre 1940 wurde er zum besten Athleten ganz Kubas gewählt –, ein Sieger in einem Gedichtwettbewerb und ein ausgesprochen guter Absolvent seiner Schule, der noch im mündlichen Examen deutliche Arroganz gegenüber seinen Prüfern hatte erkennen lassen –, so verließ Fidel Castro 1941 Dolores, um aus der provinziellen Enge Santiagos auszubrechen hinein in die brodelnde Metropole Havanna. Er hatte seinen Vater davon überzeugt, ihn in der Hauptstadt die renommierte Jesuiten-Jungenschule von Belén besuchen zu lassen. Vom Herbst 1941 bis zum Frühjahr 1945 erhielt Castro im Colegio de Belén nach eigener Auffassung von seinen Priesterlehrern eine solide Ausbildung, von Erziehern, die Interesse an ihren Schülern zeigten und sie zu fördern bemüht waren. Castros Urteile über diese wichtige Lebensphase im Colegio schwanken über die Jahrzehnte, insgesamt überwiegen jedoch positive Eindrücke. Wohl kritisierte er den jesuitischen Dogmatismus, etwa wenn er sich der kruden Logik der Jesuiten erinnerte: »Dies und das ist so, weil es so sein muß«, man mußte etwas akzeptieren, auch wenn man es nicht verstand. Auch die einseitige politische Orientierung der meisten Lehrer fand nicht seine Zustimmung, waren doch viele von ihnen als streng rechtsgerichtete Franco-Anhänger aus dem Spanischen Bürgerkrieg nach Kuba gekommen. Entsprechende Wertungen Castros aus der Zeit nach seiner Konversion

Zweifellos haben mich meine Lehrer geprägt, die Jesuitenlehrer, insbesondere die spanischen Jesuiten, die mir einen starken Sinn für persönliche Würde eingeimpft haben – ungeachtet ihrer politischen Vorstellungen. Die meisten Spanier sind mit einem Gefühl für persönliche Ehre ausgestattet, und dieses ist außerordentlich stark bei den Jesuiten. Sie schätzten Charakter, Geradlinigkeit, Ehrlichkeit, Mut sowie die Bereitschaft, Opfer zu bringen. Lehrer haben fraglos Einfluß. Die Jesuiten haben mich eindeutig beein-

zum Marxismus-Leninismus zu Beginn der sechziger Jahre müssen natürlich mit Vorsicht zur Kenntnis genommen werden. Tatsächlich galt er im Colegio als politisch desinteressiert; zu seiner bevorzugten Lektüre gehörten allerdings die Schriften des spanischen Faschismustheoretikers Primo de Rivera. Und immer wieder fand er zurück zu seinem Faszinosum, dem Freiheitshelden José Martí.

Das Colegio war zweifellos nicht die Brutstätte für linke, revolutionäre Geister der kubanischen Gesellschaft, ganz im Gegenteil: Hier keimten Karrieren in Wirtschaft, Militär und Politik, hier trafen sich die Zöglinge der Eliten. Mehr als Geld, das man wohl hatte, aber nicht zeigte, zählten soziale Herkunft und Tradition. Und das sollte auch immer ein Problem Castros bei den Jesuiten bleiben: Das Bewußtsein, Sohn neureicher Eltern, nicht aber Mitglied der wirklichen oberen Zehntausend zu sein. Gleichwohl machte er im Colegio seinen Weg, er war ein hervorragender Schüler, auch wenn er zu jenen gehörte, die in buchstäblich letzter Minute lernten. Ehemalige Klassenkameraden haben bezeugt, daß die Jesuiten dort auf Grund der guten schulischen Leistungen Fidels ein Auge auf ihn geworfen hatten, oder, wie es einer von ihnen formulierte: »Die Jesuiten schulten ihn, auf daß er die weiße Hoffnung der Rechten« werde. Auf ihre eigene, unbeabsichtigte Weise schuf die Schule kubanische Revolutionäre: 20 Jahre vor Fidel hatte Eduardo (»Eddy«) Chibas ebenfalls das Colegio besucht, auch er wurde zum Rekrutierungsobjekt der Jesuiten. In der Folgezeit entwickelte sich Chibas zu einem geachteten Oppositionspolitiker gegen Diktatur und Korruption und zu einem der prägendsten Vorbilder Castros.

flußt mit ihrer strengen Organisation, ihrer Disziplin und ihren Werten. Sie haben zu meiner Entwicklung beigetragen und meinen Gerechtigkeitssinn geschärft – der vielleicht nur in Anfängen vorhanden, aber immerhin an einem Ausgangspunkt war.

Castro über seine Prägung durch die Jesuiten

Wenn er nicht gerade Bücher verschlang und sein phänomenales Gedächtnis trainierte, gab sich Castro in der Freizeit seinen ausgeprägten sportlichen Neigungen hin. Er war ein guter Basket- und Baseballspieler, allerdings auch mit dem zweifelhaften Ruf behaftet, ein miserabler Verlierer zu sein, der schon mal mit Körpereinsatz gegen Schiedsrichterentscheidungen rebellierte.

Wie schon in seiner Kindheit im Oriente liebte Castro das Leben im Freien, das Wandern in der Wildnis bei Ausflügen, das Durchqueren reißender Flüsse und, vor allem, die Erkundung von Bergmassiven. Als Anführer einer pfadfinderähnlichen Gruppe der Schule erlernte er hier nach eigenem Bekunden den Umgang mit der ungezähmten Natur, die Streifzüge waren ein Vorgeschmack auf das Leben des Guerillaführers in der Sierra Maestra Jahre später.

Als Castro das Colegio 1945 verließ, wirkte ein wacher, zuweilen auch widerständiger Geist – gepaart mit schier unstillbarem Wissensdurst – in einem gutgebauten, eisern trainierten Körper.

Nachdem er seine Sommerferein daheim in Birán verbracht hatte, schrieb sich Castro im Oktober 1945 an der Juristischen Fakultät der Universität von Havanna ein. Das Studium der Rechte galt damals in Kuba als nicht besonders anspruchsvoll, und es scheint, als habe Fidel diese Wahl ohne große Leidenschaft getroffen.

1942–1945. Fidel zeichnete sich stets in allen Fächern aus, deren Gegenstand die Literatur war. Ein hervorragender Schüler und Glaubenszögling, war er außerdem ein ausgezeichneter Athlet, der die Farben der Schule stets mutig und stolz vertrat. Er hat sich die Bewunderung und Zuneigung aller erworben. Wir sind sicher, daß er sich nach seinem Jurastudium einen glänzenden Namen machen wird. Fidel hat das Zeug dazu und wird etwas aus seinem Leben machen.

Wohl authentische Eintragung ins Jahrbuch 1945 des Colegio de Belén, erstmals von Fidels Bruder Raúl der Öffentlichkeit zugänglich gemacht

Unruhiger Student und politischer Hasardeur

Schilderungen des Universitätslebens im Havanna der vierziger Jahre wirken auf Europäer atemberaubend. Es war dies eine Zeit heftiger politischer Auseinandersetzungen auf dem Campus, die häufig mit brutaler Gewalt ausgetragen wurden. Erschießungen politischer Gegner, die nicht selten in mafiös-kriminelle Machenschaften verstrickt waren, gehörten zur Tagesordnung. Wie war es dazu gekommen?

Die »Republica Plattista«, die erste, kaum wirklich souveräne kubanische Republik im Zeichen des amerikanischen Platt-Amendments nach dem Unabhängigkeitskrieg gegen Spanien, geriet seit 1902 in einen Strudel von Wirtschaftskrisen infolge ihrer Abhängigkeit vom Zuckerpreis, gepaart mit Korruption und Gewaltanwendung seitens der politischen und militärischen Klassen. Über allen innerkubanischen Zerwürfnissen schwebte wie ein Damoklesschwert die ständige Interventionsdrohung der USA. Fatalerweise machten sich viele kubanische Politiker diese Drohung zu eigen und nutzten sie, um ihre Gegner und Feinde abzuschrecken.

Hatten die amerikanischen Konzerne auf Kuba, aber auch die Bevölkerung der Insel – freilich in unterschiedlichem Maße – im Ersten Weltkrieg von den hohen Zuk-

12 Julio Antonio Mella (1903–1929), Gründer der kommunistischen Partei Kubas. Fotografie, 1928

kerpreisen profitiert, stürzte die Wirtschaft des Landes seit 1921 in eine tiefe Krise, als der Preis von einer Rekordhöhe von 23 Cents pro Pfund auf nur noch 3,8 Cents fiel. Armut und soziale Not folgten. Andererseits bot sich Anlegern die günstige Chance, billig Land und ganze Unternehmen aufzukaufen. Der kubanische Nationalismus aus der Zeit des letzten Unabhängigkeitskrieges erwachte erneut, nun mit einer deutlich anti-amerikanischen Spitze. An der Universität von Havanna organisierten sich die Studenten gegen den neo-kolonialen US-Imperialismus, gleichzeitig schlossen sich über 120 Gewerkschaften zu einer Dachorganisation zusammen. Im Jahre 1925 gründete Julio Antonio Mella die erste kommunistische Partei Kubas. Vier Jahre später erlag er im mexikanischen Exil einem Attentat und wurde damit zu einem weiteren kubanischen Märtyrer.

1925 war General Gerardo Machado zum Präsidenten der Republik gewählt worden. Einerseits nahm Machado ein nationales Aufbauprogramm in Angriff, andererseits ging er mit diktatorialer Entschlossenheit gegen Studenten und Arbeiter vor. Dazu setzte er Verfassungsrechte außer Kraft und verabschiedete verschiedene Notstandsgesetze. Die Weltwirtschaftskrise des Jahres 1929 verschlimmerte die ökonomische und soziale Situation auf Kuba drastisch: Der Zuckerpreis stürzte auf einen halben Cent pro Pfund. Politische Unruhen, Mord und Sabotageakte bestimmten für einige Jahre die Szene, die Machado mit seiner offenkundigen Sympathie für den italienischen Faschismus Mussolinis gewaltsam zu beherrschen trachtete.

Obwohl sich Castro gegenüber Frei Betto ungewöhnlich öffnet, ist er doch nicht ehrlich genug, wirkliche Einsicht zu gewähren. Er vergißt sogar eine der wichtigsten Tatsachen seiner Biographie: daß er nämlich, wie so viele revolutionäre Führer – etwa César Augusto Sandino in Nicaragua oder Eva und Juan Perón in Argentinien – das illegitime Kind einer armen Frau und ihres wohlhabenden und hellhäutigeren Liebhabers oder Vergewaltigers war … Obwohl Fidel Castro in bequemen Verhältnissen auf-

Die USA ließen Machado schließlich nach einem Generalstreik fallen und gewährten ihm Exil. Am 4. September 1933 führte Fulgencio Batista im Rang eines Sergeanten die »Revolte der Unteroffiziere« an. Aus ihr entwickelte sich ein Bündnis zwischen Militärs, Studenten und Arbeiterführern, das die Einsetzung einer neuen Regierung unter Führung des Arztes Ramón Grau San Martín erzwang. Knapp vier Monate blieb sie im Amt und nahm energisch Reformen in Angriff, darunter eine Agrarreform, die Einführung von Mindestlöhnen für Zuckerarbeiter, den Achtstundentag sowie das Frauenwahlrecht. Selbständigkeit gegenüber den USA demonstrierte Grau durch die einseitige Aussetzung des Platt-Amendments.

13 General Gerardo Machado, 1925–1933 Präsident der Republik Kuba. Fotografie

Den Radikalen auf Kuba ging Grau mit seinen Maßnahmen nicht weit genug, den Gemäßigten bereits zu weit, und die USA argwöhnten Kuba auf dem Weg zum Kommunismus. US-Botschafter Sumner Welles gelang es, den jungen Mulatten Batista für die Ziele der USA auf Kuba zu gewinnen, andererseits aber auch Washington davon zu überzeugen, daß Batista der Mann mit den besten Verbindungen zu allen wichtigen Kreisen auf der Insel sei.

wuchs, war er gesellschaftlich inakzeptabel. Fidel erwähnt das gegenüber Betto nicht. Aber wir wissen aus anderen Quellen, daß die »besseren Familien« Kubas den intelligenten, athletischen, großen und gutaussehenden Castro immer als »einen Bastard« ansahen. Er galt ihnen als Emporkömmling, als Sohn des unkultivierten Gallego. Er war *un cualquiero* – einfach irgendwer.

Über Castros Gespräche mit dem Dominikaner Frei Betto. Interne M-26-7-Dokumente, erstmals 1976 in ›Diario de la Revolucion cubana‹

Im Januar 1934 entzog die Armee Kubas unter Führung Batistas der Regierung Grau das Vertrauen, woraufhin diese stürzte und in den folgenden sechs Jahren durch häufig wechselnde Regimes ersetzt wurde. Batista blieb bis 1940 der eigentlich starke Mann Kubas hinter den Marionettenregierungen, ihm konzedierte Washington schließlich die Streichung des verhaßten Platt-Amendments, und in seine Amtszeit als Armee-Chef fiel die Unterzeichnung eines neuen, für Kuba lebenswichtigen Zuckerabkommens mit den USA. Unter anderem im Bündnis mit den Kommunisten, die aus Moskau im Zeichen der Volksfrontstrategie die Weisung erhalten hatten, mit den »Bürgerlichen« um Batista gegen den drohenden Faschismus zu regieren, wurde 1940 die fortschrittlichste Verfassung verabschiedet, die Kuba bis dahin gekannt hatte. In ihr fanden die Reformen der kurzen Regierungszeit Graus ihren Niederschlag, ja mit dem Verbot von Großgrundbesitz ging sie noch über diese hinaus. Grau selbt trat bei den Präsidentschaftswahlen jenes Jahres erneut als Kandidat an, wurde jedoch von Batista, der zuvor die Armee verlassen hatte und die liberale Verfassung geschickt als sein eigenes Werk verkaufte, in relativ fairen Wahlen klar geschlagen.

Die neue Regierung Batista, in der auch Kommunisten Ministerposten bekleideten, profitierte von den rasch steigenden Zuckerpreisen während des Zweiten Weltkriegs. Insgesamt kann dem ersten sogenannten Batistato der Jahre 1940 bis 1944 eine gewisse Reformfähigkeit nicht abgesprochen werden. Dennoch: Weder Batista noch sein Nachfolger Grau (1944–1948), der erneut gegen seinen alten Widersacher kandidiert hatte, noch Prio Socarras (1948–1952) nutzten die Zucker-Bonanza der Kriegs- und frühen Nachkriegszeit für eine dringend notwendige Diversifizierung der kubanischen Wirtschaft, deren Abhängigkeit vom Zuckerexport im Jahre 1948 bei 90 % lag. Auch eine längst überfällige Landreform nahmen die »Autenticos«, wie sich Grau und Socarras mit ihrer Partei nunmehr nannten – der Begriff sollte Echtheit und Treue zu den Idealen des Nationalhelden José Martí signalisieren –, nicht in Angriff. Statt dessen griffen Spekulation, Korruption und dunkle Geldgeschäfte um sich.

In den vierziger Jahren entwickelte sich Havanna unter der Führung des amerikanischen Mafia-Chefs Meyer-Lansky zu einer Hochburg des organisierten Verbrechens außerhalb der USA, 1946 fand hier auf seine Einladung hin und im Beisein von Mafia-Ehrengast »Lucky« Luciano die wichtigste Unterweltkonferenz seit der Weltwirtschaftskrise statt. Prostitution, Glücksspiel und Drogengeschäfte bildeten die Verhandlungsgegenstände. *Gangsterismo* machte sich nun auch in der kubanischen Politik breit, in einem merkwürdigen Amalgam aus Profitgier und politischem Idealismus breitete sich die Krake auch in der Universität der Hauptstadt aus.

◄ 14 Die Universität von Havanna

Nach allem, was darüber heute bekannt ist, stürzte sich Fidel Castro an der Alma mater unverzüglich in die Politik. Er sah sich erfaßt von den verschiedenen politischen Strömungen dort, nicht zuletzt von der gewaltgeladenen Atmosphäre. Wohl nur teilweise im Scherz hat er später versichert, die Jahre als Guerillaführer in der Sierra Maestra seien nicht so gefährlich gewesen wie jene an der Universität.

Viele Aspekte seiner Studienjahre in Havanna liegen im Dunkeln, geheimnisumwittert sind beispielsweise Castros eigene Teilnahme an Gewaltakten und seine politische Orientierung im Dickicht der universitären Machtgruppen. Noch Jahre nach seiner Zeit an Havannas Universität wurde er mit dem Phänomen des kubanischen *gangsterismo* in Verbindung gebracht.

Unter den Gruppen, die sich rhetorisch auf die studentische Kampfzeit gegen die Machado-Diktatur der frühen dreißiger Jahre beriefen, stachen insbesondere die Sozialistische Revolutionäre Bewegung (MSR) und die Aufständische Revolutionäre Union (UIR) hervor. 1945 von dem republikanischen Veteranen des Spanischen Bürgerkrieges, Rolando Masferrer, gegründet, vertrat der MSR einen diffusen »anti-kommunistischen, revolutionären Sozialismus«, der sich gegen den US-Imperialismus, gegen die Autenticos von Grau sowie die Diktatur Trujillo Molinas in der benachbarten Dominikanischen Republik richtete.

Bis zu seiner Ermordung im Verlauf eines wahren Massakers im September 1947 führte der anarchistische Veteran des Spanischen Bürgerkriegs, Emilio Tro, die UIR. MSR und UIR hatten politisch wenig gemein, allenfalls

[Er ist das] typische Beispiel eines jungen Kubaners solider Herkunft, der wegen mangelnder elterlicher Erziehung oder wirklicher Erziehung sehr bald ein ausgewachsener Gangster werden könnte.

Ein US-Geheimdienstbericht aus dem Jahre 1947 über Castro auf der Universität

die Feindschaft gegen die Regierung Grau, im übrigen bekämpften sie sich bis aufs Blut. Das politische Programm der UIR verkündete lediglich die Absicht, die Straßen Havannas von den Mördern reinigen zu wollen, gemeint waren natürlich die Anhänger der MSR. Präsident Grau versuchte beide Gruppen zu neutralisieren, indem er Tro für die UIR und Mario Salabarria für die MSR mit wichtigen Posten in der Polizei bzw. der Geheimpolizei betraute. Tatsächlich jedoch führte dieser Schritt dazu, daß nunmehr der universitäre *gangsterismo* in die Reihen der Polizei hineingetragen wurde.

Fidel Castro scheint sich zunächst mehr auf die Seite der MSR geschlagen zu haben, in der Hoffnung, mit ihrer Hilfe eines Tages einen wichtigen Posten in der Studentenvertretung zu erlangen – ein Kalkül, das allerdings nicht aufging. Er suchte die Freundschaft des MSR-Funktionärs und Vorsitzenden der Studentenvertretung an der Universität, Manolo Castro, mit dem er weder verwandt noch verschwägert war.

Castro stach unter den anderen Studenten durch seine gepflegte Kleidung hervor, er bevorzugte dunkle Anzüge. Es mag sein, daß diese Äußerlichkeit mit dazu beitrug, sein allmählich entstehendes Image eines starken Individualisten, vielleicht gar eines politischen Einzelgängers, zu formen –

15 Im dunklen Anzug hält der Student Castro eine Ansprache an der Universität Havanna. Fotografie, 1948 oder 1949

mit dem Vorteil, politisch ungebunden agieren zu können, aber auch mit dem Nachteil, von Funktionären des MSR und auch der UIR nicht voll als verläßlicher Parteigänger anerkannt zu sein.

Noch bevor er 20 Jahre alt war, legte Castro im Frühjahr 1946 bei einer wenig bekannten Gelegenheit Zeugnis von seinem unabhängigen Geist ab, der ihn kaum für Gruppenkonformität geeignet erscheinen ließ. Es sollte sein erster öffentlicher Auftritt an der Uni werden. Manolo Castro hatte ihn eingeladen, zusammen mit ein paar anderen Studenten zu einem Gespräch mit dem rechtsgerichteten Politiker Carlos Miguel de Céspedes zu gehen, einem Enkel des berühmten Großgrundbesitzers Céspedes aus den Tagen des Unabhängigkeitskriegs von 1868. Der Enkel Céspedes' kandidierte für das Amt des Bürgermeisters von Havanna und wollte sich über Manolo Castro die Unterstützung der Studenten sichern. Céspedes erläuterte während des Gesprächs seine politischen Ansichten und bat anschließend die eingeladenen Studenten um ihre Meinung. Castro sagte, er werde den Kandidaten Céspedes unterstützen, allerdings – und hier machte er seine für ihn so typischen Redepausen – nur unter drei Bedingungen. Die erste: Alle jungen revolutionären Führer, einschließlich des Kommunisten Mella, die von Rechten ermordet worden seien, müßten zumindest symbolisch ins Leben zurückgerufen werden. Die zweite Bedingung: Céspedes und seine Freunde müßten alles Vermögen, das sie dem Volk geraubt hätten, dem Staat zurückgeben. Und schließlich die dritte: Die Geschichte müßte um ein Jahrhundert zurückgedreht werden. Wenn diese Voraussetzungen er-

16 Manolo Castro, Führer des MSR

füllt seien, so Castro, sei er gerne bereit, Sklave in jener Kolonie zu sein, in die Céspedes Kuba offensichtlich verwandeln wolle; sprach's und verließ die Wohnung des Politikers.

Diese Episode markierte fraglos einen Meilenstein in der ideologischen Entwicklung Castros, sie illustriert seine geistige Unabhängigkeit und Nonkonformität in einer brisanten Situation und weist ihn als kubanischen Nationalisten mit wachem sozialem Bewußtsein aus. Daß sie bereits im Jahre 1946 in der kubanischen Zeitschrift ›Bohemia‹ wiedergegeben wurde, unterstreicht ihre Glaubwürdigkeit, denn erst nach dem Sieg der kubanischen Revolution unter Castros Führung 1959 neigte ›Bohemia‹ dazu, Castros ideologischen Werdegang zu glätten und ihn als konsequenten Sozialrevolutionär zu präsentieren.

Es verwundert nicht, daß insbesondere diese Kostprobe von Castros Eigenständigkeit und Mut das Verhältnis zwischen ihm und dem MSR im allgemeinen und zu Manolo Castro im besonderen verschlechtern half – beide entwickelten sich zu Gegnern, und es überrascht auch nicht, daß Fidel mit der späteren Ermordung Manolos im Februar 1948 in Verbindung gebracht wurde.

Ohne Aussicht auf Hilfestellung für seine Uni-Karriere durch den MSR wandte sich Castro nunmehr der UIR zu. Einer breiten Öffentlichkeit machte er sich am 27. November 1946 durch eine sorgfältig vorbereitete Rede bekannt. Den Anlaß bildete eine Gedenkveranstaltung für den 75. Jahrestag der Hinrichtung von acht Medizinstudenten durch die damalige spanische Kolonialregierung. Castro war nicht der einzige Redner, doch machte seine Anspra-

17 Carlos Miguel de Céspedes

che wie keine andere Eindruck auf die zahlreichen Zuhörer. Schüchtern und tastend suchte er zu Beginn seiner Ausführungen sein Thema, so sollte es immer bleiben bei seinen öffentlichen Auftritten bis zum heutigen Tag. Hatte er es jedoch einmal gepackt, zog er die Zuhörerschaft leidenschaftlich in seinen Bann. Inhaltlich rechnete er bei dieser Gelegenheit mit Präsident Grau ab, der mit seiner korrupten Politik alle Hoffnungen der Kubaner zerstört habe. Noch vor weitaus prominenteren Rednern auf dieser Veranstaltung erwähnte die Tageszeitung ›El Mundo‹ am nächsten Tag den Beitrag Castros in ihrem Aufmacher auf der Seite eins.

Das Jahr 1947 wurde für Castro ein wichtiges Jahr in dem Sinne, daß er sich nun offensichtlich mehr und mehr politisch festlegte und zugleich begann, sowohl durch öffentliche Auftritte als auch durch spektakuläre Aktionen auf sich aufmerksam zu machen. Vermutlich erkannte er, daß er die Ränkespiele an der Hochschule mit seinem ausgeprägten Individualismus nicht zu beherrschen vermochte.

Mit großem Enthusiasmus und aus innerer Überzeugung schloß er sich im Frühsommer 1947 der neugegründeten Partei des Kubanischen Volkes an, die vom überaus populären Eduardo Chibas ins Leben gerufen worden war. Chibas war eigentlich Parteifreund von Grau und Prio Socarras, also der Autenticos, doch hatte er sich zunächst in parteiinterner Opposition und dann in Aufrufen über den Rundfunk entschieden von Grau und seinen Ministern abgewandt und Bestechung, Unterschlagung, Glücksspiel sowie Drogenhandel gegeißelt.

Die Wahrheit ist, daß Fidels wirkliches Genie in der Kunst der Täuschung liegt, und während die Welt Bridge nach den Regeln spielt, spielt er Poker, blufft und hält seine Karten dicht an seiner olivgrünen Brust. Er hat die

Jahrelang blieb Castro überzeugtes Mitglied der Ortodoxos, wie die Anhänger Chibas' genannt wurden. Die Bezeichnung suggerierte ein strenges Festhalten an den Idealen José Martís – gerade so, wie es die Autenticos, die »Echten«, für sich beanspruchten. Auf vielen Veranstaltungen attackierte er die Regierung Grau, und es gelang ihm, dank seines mitreißenden Redestils, seiner immer überzeugender zutage tretenden Führungspersönlichkeit und seines blendenden Aussehens auf vielen Veranstaltungen zu Gunsten Chibas' die Zuhörer in seinen Bann zu ziehen. An der Universität sah er sich zusehends physischer Bedrohung ausgesetzt – bis zu dem Punkt, daß er sich eines Tages entnervt an den Strand begab, um für sich zu entscheiden, ob er dem Druck der Gegner nachgeben und die Universität verlassen oder aber die Herausforderung annehmen sollte.

Castro kehrte an die Universität zurück, ließ sich jedoch von einem Freund zu seiner Sicherheit eine 15-Schuß Browning-Pistole geben, die er nun häufig bei sich trug.

Im Sommer 1947 suchte sich die studentische Unrast an der Universität ein externes Ziel, um ihrer Frustration und ihren Forderungen nach einem Ende von Diktatur und Korruption ein Ventil zu geben. Seit 1930 herrschte in der benachbarten Dominikanischen Republik Präsident Trujillo mit blutigem Terror. Unter der Führung des studentischen MSR mit Manolo Castro an der Spitze versammelte sich in Kubas Oriente eine bunt zusammengewürfelte »Karibische Legion«, die zur Befreiung der Dominikanischen Republik aufbrechen wollte. Neben einigen Exil-Dominikanern gehörte auch Fidel Castro als

Kunst des Kartengebens praktiziert und beherrscht von Beginn an, ja sogar noch vor dem Beginn. Sein wahrer Meister ist Machiavelli, insofern dieser die Geschichte als die Manipulatorin sieht, sie als Instrument nutzt, um Menschen zu kontrollieren, und Politik als einen Weg, die Wahrheit zu maskieren und Macht zu ergreifen.

G. Cabrera Infante in:
Carlos Franqui, ›Family Portrait with Fidel‹

einziger UIR-Anhänger zu dieser Truppe, die über 1000 Mann umfaßte. Selbst Präsident Grau stand hinter dem Unternehmen, er glaubte wohl, bei der Expedition würden einige seiner ärgsten innenpolitischen Widersacher ihr Leben lassen. Vermutlich auf Druck der USA wurde das Unternehmen jedoch in letzter Minute abgebrochen – zu spät indes für Castro, der bereits mit ein paar Kameraden in die Bay of Nipe hinausgefahren war. Ihr Boot kenterte, und Castro konnte sich nur durch todesmutiges Schwimmen in dem haifischverseuchten Wasser nach zwei Kilometern an Land retten, ein argentinisches Maschinengewehr auf den Rücken geschnallt.

Kaum daß er sich auf der väterlichen Farm von den Strapazen erholt hatte, startete er zusammen mit anderen Studenten eine weitere symbolträchtige Aktion, die eine neue Revolte entzünden sollte. Finanziert von Chibas, schwärmte im Herbst 1947 eine Expedition nach Manzanillo aus, um dort jene berühmte Glocke zu holen, mit deren Läuten Céspedes 1868 den Freiheitskampf gegen die Spanier eröffnet hatte. Castro versprach sich eine mitreißende Wirkung auf die Massen, sollte die Glocke endlich in Havanna erklingen und im günstigen Falle einen Sturm auf die verhaßte Regierung Grau auslösen, vergleichbar dem Sturm auf die Bastille im Frankreich des Jahres 1789. Tatsächlich brachte die Gruppe die über 100 kg schwere Glocke bis in das Amtszimmer des Rektors der Universität. Hier konnte man sich dann aber nicht über das weitere Vorgehen einigen, Castro führte die Radikalen an, die das Läuten der Glocke als Fanal zum Sturz der Regierung nutzen wollten. Wenige Tage später ließ Präsi-

In Kolumbien habe ich das gemacht, was jeder Student tat: Ich war beim Volk … Ich hätte dort umkommen können, wie so viele anonyme Kämpfer, und vielleicht würde sich niemand mehr an mich erinnern. Mein Verhalten hätte nicht desinteressierter oder altruistischer sein können, und ich bedaure nicht, mich so verhalten zu haben, denn ich fühle mich durch meine Handlungen geehrt. Ist das ein guter Grund, mich für einen Kommunisten zu halten? Ich war niemals und bin kein Kommunist. Wäre dent Grau die zwischenzeitlich gestohlene Glocke wieder nach Manzanillo überstellen.

Am 12. Februar 1948 nutzte Castro eine weitere Gelegenheit, seine Fähigkeit zur Massenmobilisierung zu üben. Er war maßgeblich an der Organisation einer Studentendemonstration gegen Polizeiwillkür beteiligt, die jedoch in Plünderungen ausartete. Unberechtigterweise drang die Polizei dabei auf das Universitätsgelände vor, schlug einen Studenten zusammen und lieferte Castro damit den Anlaß zum Aufruf für eine neue Demonstration am nächsten Tag. Diese verlief unter Castros Führung blutig; es war im übrigen das einzige Mal in seiner gesamten politischen Laufbahn, daß er sich bei seiner Aktivität selbst eine Verletzung zuzog.

Zehn Tage später wurde Manolo Castro erschossen. Man brachte Fidel Castro mit dem Attentat in Verbindung, am Flughafen wurde er verhaftet und sein Paß vorübergehend eingezogen. Zwar konnte ihm eine Mordbeteiligung nicht nachgewiesen werden, doch ist andererseits sicher, daß er sich kurz vor der Tat mit UIR-Funktionären getroffen hatte, die einen solchen Anschlag planten. Carlos Fuentes war damals Chef der UIR, ein Gangster und Teilzeit-Student an der Universität. Ausgestattet mit einem ausgeprägten Sinn für schwarzen Humor, hätte es durchaus auf der Linie von Fuentes liegen können, einen Castro durch einen anderen ermorden zu lassen. Ein Jahr später fiel Fuentes dann selbst einem Racheakt zum Opfer.

Nur einen Monat nach der Ermordung Manolo Castros nahm Fidel Castro an einem bizarren Unternehmen au-

ich einer, würde ich tapfer genug sein, es öffentlich zu sagen ... Jedermann hat das Recht, in völliger Freiheit zu denken.

Interview Castros mit Jules Dubois im Mai 1958 über seine Teilnahme am Bogotazo 1948 ßerhalb Kubas teil, das widersprüchliche Bezeugungen in diffuses Licht getaucht haben.

Für den April 1948 hatte die Panamerikanische Union Amerikanischer Staaten zu einem Treffen in die kolumbianische Hauptstadt Bogotá eingeladen, wo sie sich in eine effizientere Organisation Amerikanischer Staaten (OAS) umstrukturieren wollte. Zeitgleich planten argentinische, kubanische und andere lateinamerikanische Studenten eine Studentenversammlung in Bogotá. Ihr Ziel war die Vorbereitung eines interamerikanischen Studententreffens im Herbst des Jahres. Das war der Hintergrund des berühmten Bogotazo.

Zur kubanischen Studentendelegation in Bogotá, deren Reisekosten von dem argentinischen Diktator Perón getragen wurden, gehörten der Sekretär der Studentenvertretung der Universität von Havanna, Ovares, ferner Alfredo Guevara, der Chef der Kommunisten an der Universität, sowie Fidel Castro als Repräsentant der Juristischen Fakultät. Anfang April 1948 kam es in der kolumbianischen Hauptstadt zu einer ersten, eher harmlosen Konfrontation zwischen den Studenten und den Delegierten der OAS-Gründungskonferenz. Dann, am 9. April, erlag der in Kolumbien weithin beliebte, liberale Politiker José Gaitán dem Attentat eines Geistesgestörten. Das war der Funke am Pulverfaß: Bogotá verwandelte sich in ein Schlachtfeld. Der Attentäter wurde gelyncht, Geschäfte wurden geplündert, Polizeistationen niedergebrannt und schließlich rund 3000 Menschen getötet.

Fidel Castros Rolle im Bogotazo ist immer wieder Gegenstand wilder Spekulationen gewesen: Mal soll er um

18 Fidel Castro während ▶
des Bogotazo in den Straßen
Bogotás, April 1948

die 30 Menschen eigenhändig getötet haben, mal hat er dem Geschehen nur vom Rande aus zugesehen. Tatsächlich hat er wohl an den Straßenschlachten aktiv teilgenommen, eigenhändige Bluttaten sind aber nie nachgewiesen worden. Die Berichte US-amerikanischer Augenzeugen und solche von Scotland Yard nach dem Sieg der kubanischen Revolution von 1959 atmen sehr den Geist von Verschwörungstheorien in der Zeit des Kalten Krieges: Danach stand Fidel Castro im Dienste des von Moskau gesteuerten internationalen Kommunismus und zündelte in Bogotá an der Lunte der Weltrevolution.

Schließlich verschwand er mit Hilfe der argentinischen Botschaft, die ihn und Gesinnungsgenossen in einem Frachtflugzeug nach Havanna zurückbrachte. Der Bogotazo hat auf Castro zweifellos einen prägenden Eindruck gemacht: Die magnetische Persönlichkeit Gaitáns und seine Reden, die Mobilisierung der Massen sowie die Wirkung physischer Gewalt wiesen den Weg in seine Zukunft als Volkstribun.

Unmittelbar nach dem kolumbianischen Abenteuer folgte eine für ihn vergleichsweise bürgerlich-geruhsam an-

mutende Zeit, die Mitte Oktober 1948 in der Heirat mit der Philosophiestudentin Mirta Diaz-Balart ihren Ausdruck fand. Zwei Tage vor der Trauung war der Autentico Carlos Prio Socarras als neuer Präsident Kubas vereidigt worden.

Die Ehe Mirtas und Fidels gründete auf einer intensiven Liebesbeziehung, über die jedoch die sehr wohlhabenden Eltern Mirtas wenig glücklich waren. Castros Vater Angel spendierte den Jungvermählten eine Hochzeitsreise in die Vereinigten Staaten. Hier, genauer in New York, liebäugelte der Kubaner mit dem Gedanken an ein Studium an der Columbia University, und hier ausgerechnet soll er sich eine Ausgabe von Karl Marx' ›Das Kapital‹ besorgt haben.

Castro fand in den Jahren, die er zusammen mit Mirta verbrachte, kaum Zeit für sie und ihren am 1. September 1949 geborenen Sohn Fidel (»Fidelito«), der später, nach einem Studium in Moskau, Chef der kubanischen Atomenergiebehörde wurde. Im Jahr 1955 wurde die Ehe wieder geschieden – Mirta, die von Haus aus einen üppigen Lebensstil gewohnt war, dürfte nicht nur der politische Aktivismus ihres Mannes zu schaffen gemacht haben, es wird auch der chronische Geldmangel im Hause Castro gewesen sein, der zum Scheitern der Verbindung beitrug. Der Familienvater stand im Ruf, mit Geld nicht umgehen zu können, ständig war er knapp bei Kasse, und nicht selten waren es Freunde, die seine Rechnungen zahlten.

19 Mirta Diaz-Balart mit ihrem Sohn Fidelito

Zu Beginn des Jahres 1949 trat Castro wieder verstärkt politisch hervor. Im Januar führte er einen studentischen Streik gegen Fahrpreiserhöhungen einer Busgesellschaft an, der auch die Unterstützung der ansonsten sehr zurückhaltenden Kommunisten fand. Damals hielt er freundschaftlichen Kontakt zu Mitgliedern des Partido Socialista Popular (PSP), wie sich die Kommunisten Kubas damals nannten. Alfredo Guevara, Carlos Rafael Rodríguez, Luis Mas Martín und Lionel Soto zählten zu den prominentesten Vertretern ihrer Partei. Gleichwohl ist keine öffentliche oder veröffentlichte Äußerung Castros zu Gunsten des PSP jener Jahre überliefert – allerdings auch keine klar ablehnende. Darin zeigt sich ein wichtiges Element seiner politischen Strategie, die sich ganz allmählich herausbildete. Wenn irgend möglich, würde er sich nicht festlegen, schon gar nicht parteipolitisch. Mochte seine politische Rhetorik in der Zukunft auch noch so revolutionär und verbalradikal klingen, überragend blieb sein Kalkül, bündnisfähig nach möglichst vielen Seiten hin zu bleiben. Er war ein glühender Anhänger von Chibas, der selbst in seinen Reden von tiefgreifender Veränderung der kubanischen Gesellschaft sprach, zugleich aber ein scharfer Antikommunist war.

Als Repräsentant des linken Flügels der Ortodoxos begann Castro im Laufe des Jahres 1949, seine Karriere als Parteipolitiker vorzubereiten. Auch wenn er später nach seiner erfolgreichen Revolution gerne verächtlich über die »Pluriporqueria« (»Mehrschweinereiensystem«), also den bürgerlichen Parlamentarismus, herzog, so gab es durchaus auch diese Phase, in der Fidel sehr ernsthaft und

Offensichtlich bedeutete Macht viel für ihn: Vor 1952 hatte Alfredo Guevara sein Bestes getan, um Castro zum Kommunismus zu bekehren. Castro soll fröhlich geantwortet haben: »Wäre ich Stalin, würde ich Kommunist sein.«

Hugh Thomas, der große Historiograph Kubas

energisch seine Kandidatur für das kubanische Repräsentantenhaus betrieb. Zur gleichen Zeit engagierte er sich in einem Universitätskomitee für den Kampf gegen rassische Diskriminierung – obwohl gelegentlich behauptet wird, Castro habe auffallend wenig gesagt und getan gegen die Unterdrückung der nichtweißen Bevölkerung Kubas.

Ende 1949 trat er als Ortodoxo erstmals von sich aus an die Kommunisten heran, um sie zu einer gemeinsamen Aktion der Studenten gegen einen raffinierten Plan Präsident Prios zu gewinnen, der darauf hinauslief, die diversen Gangsterbanden an der Universität schlicht »einzukaufen«, um sie und ihre Anführer unschädlich zu machen. Mit einkömmlichen Posten versehen, sollten die Chefs saturiert und dadurch die Gruppen entmachtet werden. Auf dem Universitätsgelände riskierte Castro mit einer feurigen Rede, die auch in der Presse publiziert wurde, sein Leben: Rückhaltlos nannte er Namen und Funktionen von Bandenchefs auf dem Campus; sich selbst vom *gangsterismo* loszusagen, hielt er ebenfalls für angebracht. Die Rache der Bloßgestellten zu Recht fürchtend, tauchte Castro anschließend sofort unter, besorgte sich bei seinem Vater in Birán Geld und verschwand für ein rundes Vierteljahr nach New York. Die Parallele dieses Schrittes zu einem vergleichbaren seines Idols José Martí ist augenfällig. Auch Martí hielt sich in New York im Exil auf, bevor er in den Unabhängigkeitskrieg seiner Heimat gegen die Spanier aufbrach.

Nach seiner Rückkehr auf die Insel erlegte sich Castro in der Jahresmitte 1950 noch einmal politische Abstinenz

---

Fidels Jura-Noten ... für sein letztes Jahr waren ein Omen für seinen weiteren Lebensweg. Er erhielt ein »ausgezeichnet« in Arbeitsgesetzgebung, aber nur ein »ausreichend« in Sachenrecht und Vermögensrecht, passende Noten für einen überzeugten Sozialisten.

Der Korrespondent der ›Washington Post‹, Lionel Martin, mit einem Augenzwinkern über Castros Abschlußnoten an der Universität vom Frühjahrssemester 1949. Zit. n. D. Shnookal

auf. Endlich hatte er sich entschlossen, sein Studium abzuschließen. Wie auch schon in den Schultagen bei den Jesuiten büffelte er im letzten Augenblick vor den Examina, die er im September 1950 mit Doktortiteln in den Fächern Jura und Sozialwissenschaften abschloß. Knapp verfehlte er die notwendige Zahl erfolgreich absolvierter Kurse, die ihm das ersehnte Auslandsstudium ermöglicht hätte. Vielleicht hat dieser Wermutstropfen dazu beigetragen, daß er sich nun radikal vom akademischen Betrieb der Universität ab- und der Politik mit Verve zuwandte.

Fidel Castro hatte zu dieser Zeit bereits einen gewissen Namen auf Kuba, als Ortodoxo-Jugendführer prangerte er in Reden sowie in Aufsätzen für das Blatt ›Alerta‹ allgemein »Ungerechtigkeit, Armut, Arbeitslosigkeit, hohe Mieten, niedrige Löhne und politische Korruption« an, ohne dabei für den Sozialismus, geschweige denn den Kommunismus Partei zu ergreifen. Mutig war in jenen Jahren des entbrennenden Kalten Krieges seine Unterschrift unter den »Stockholmer Friedensaufruf« von 1950, der im Westen als von der Sowjetunion lanciert galt. Allzu leicht brachte sich Castro mit dieser Unterzeichnung in den Ruf

20 Präsident Prio Socarras

eines Freundes der Kommunisten, was seiner Karriere bei den Ortodoxos nicht förderlich war, denn Chibas lehnte sowohl den Aufruf wie auch die UdSSR vehement ab.

Die Familie Castro lebte von den bescheidenen Einkünften, die des jungen Advokaten Teilhaberschaft an einer neu gegründeten Anwaltskanzlei abwarf. Treu seiner Verachtung für das Geld und seiner Achtung der Unterprivilegierten, zählte er ganz überwiegend Arme zu seinen Mandanten, die häufig mehr mit Waren denn mit Barem seine Rechnungen beglichen. Wohl mochte der nagelneue Pontiac, den Vater Angel dem frisch Examinierten geschenkt hatte, dem Bild des Anwalts der Armen widersprechen – von dem Fahrzeug hatte er aber ohnehin nicht viel, denn es wurde bald von einem Freund zu Schrott gefahren. Der Vater des Freundes, später in den Diensten von Diktator Batista tätig, rettete womöglich Fidel Castro das Leben, als dieser nach seinem Überfall auf die Moncada-Kaserne im Gefängnis saß. Auch Glück war ein treuer Begleiter auf Castros Lebensweg, wie noch mehrfach zu zeigen sein wird.

In seinem Bemühen um Popularität als kommender Ortodoxo-Parlamentarier suchte er nach Gelegenheiten, die seine Bestrebungen förderten. Ende 1950 nahm er an studentischen Demonstrationen in Cienfuegos teil, die in Straßenschlachten mit Polizei und Militär ausarteten und an deren Ende er kurzfristig inhaftiert wurde. Mitte Dezember fand die Gerichtsverhandlung gegen Castro wegen Aufstachelung von Unruhen statt, in der sich der junge Anwalt erstmals selbst verteidigte. Er nutzte die Verteidigung zu einem verbalen Frontalangriff auf die

---

Die kubanische und die Weltgeschichte hätten sich anders entwickelt, wenn dieses einzelne Individuum weniger entschlossen und, höchst wichtig, weniger glücklich gewesen wäre. Fidels Glück ist ein wiederkehrendes Thema seiner Existenz.

Tad Szulc, ›Fidel. A Critical Portrait‹, 1986

korrupte Regierung, welche die Freiheiten der Menschen erdrossele – nicht er und seine Freunde gehörten auf die Anklagebank, sondern das Regime und die Armee. Der Richter sprach die Angeklagten frei, es war ein Sieg, den Castro niemals vergessen sollte.

Mehr und mehr erlangte er nun Zugang zu Presse und Radio, die ihm als Ortodoxo Platz und Sendezeit gewährten, um seine Ansichten zu verbreiten und sich in der kubanischen Gesellschaft allmählich einen Namen zu machen.

Am 5. August 1951 nahm Fidel Castros politischer Werdegang eine dramatische Wende. Vor laufenden Mikrofonen hatte sich »Eddy« Chibas mit einer Pistole in den Bauch geschossen und erlag wenige Tage später seinen Verletzungen. Das Motiv für den dramatischen Selbstmord lag vermutlich in einer Intrige der Ortodoxos: Chibas hatte sensationelle Enthüllungen über Korruption eines Kabinettmitglieds der Regierung Prio angekündigt, die er aber letztlich nicht belegen konnte, weil ihm Kongreßabgeordnete versprochenes Belastungsmaterial nicht übergeben hatten. Chibas stand in dem Ruf, eine ehrliche Haut zu sein, seine ganze politische Kampagne gegen Prio gründete sich auf seine Ehrlichkeit und Aufrichtigkeit. Damit schien es nun vorbei zu sein.

Der Tod Chibas' drängte Castro enorm vorwärts in die politische Arena der Insel. Das entstandene Vakuum bei den Ortodoxos vermochte er zwar nicht unmittelbar zu füllen, dafür stand zunächst Eduardos Bruder Raúl Chibas bereit. Aber er würde sein Engagement als Ortodoxo-Kandidat in den ärmeren Wohnvierteln von Havannas Süden verstärken, doch auch zugleich seinen Aspiratio-

21 Eddy Chibas bei einer seiner berühmten Radioansprachen

nen auf revolutionäre Aktionen mehr Aufmerksamkeit widmen.

Etwa in diese Zeit fällt auch ein nachträglich nahezu sensationell anmutendes Treffen Castros mit seinem späteren Todfeind Fulgencio Batista. Der Ex-Regierungschef war aus dem amerikanischen Exil nach Kuba zurückgekehrt, um für die Juni-Wahlen des Jahres 1952 das politische Terrain zu sondieren. Das Gespräch zwischen Castro und Batista fand auf Batistas Farm Kuquine statt und war von Castros Schwager vermittelt worden, einem engen Mitarbeiter Batistas. Wahrscheinlich stimmt jene Version über die Unterredung, die berichtet, es sei nur allgemein über kubanische Geschichte und Kultur gesprochen worden und Batista habe jede Erörterung politischer Fragen peinlich vermieden. Nach einer anderen Darstellung weigerte sich Castro bei dieser Gelegenheit, Mitglied in Batistas neuer Partei, dem Partido Acción Unitaria (PAU), zu werden. Batista könne jedoch auf ihn zählen, wenn er durch einen Putsch an die Macht zu kommen gedenke.

Seit dem Jahresende 1951 verfolgte Castro eine dreifache politische Strategie. Zum einen suchte er seinen Ruf als Anwalt der Armen zu festigen, indem er gegen Pläne der Regierung Prio vorging, die darauf abzielten, viele hundert Mittellose in Havanna zwangsweise umzusiedeln. Er übernahm das Anliegen dieser Menschen und errang insofern einen publikumswirksamen Erfolg, als den Betroffenen eine finanzielle Kompensation versprochen wurde, die jedoch wegen des Batista-Putsches von 1952 nicht mehr ausgezahlt wurde. Zum anderen forschte Castro in der Vergangenheit von Prio. Dabei fand er in der Tat klare

Was ist der Unterschied zwischen einem Menschen, wenn er Teil einer Oppositionsgruppe ist und wenn er absolute Macht hat? Unsere Revolution war niemals durch Konterrevolutionäre gefährdet, aber Fidel ist ein berechnender Mensch, der an den Terror als Herrschaftsinstrument glaubt. Einmal beantwortete er einen kritischen Brief von mir, indem er schrieb: »Jede Kritik ist Opposition. Jede Opposition ist konterrevolutionär.« Dann wiederholte er seine Definition des Stalinismus als der Diktatur ei-

Beweise für korruptes Verhalten, die er am 28. Januar 1952 unter dem ausdrücklichen Hinweis auf den 99. Geburtstag José Martís einer Verwaltungsschiedsstelle übergab. Mit den ins Spanische übersetzten Worten Émile Zolas »J'accuse« leitete seine Dokumentation die Enthüllungen ein, die in ›Alerta‹ abgedruckt und außerdem über die ›Stimme der Antillen‹ gesendet wurden. Seine Anhänger gaben ihm daraufhin nicht mehr allzu viel Lebenszeit.

Schließlich, drittens, betrieb Castro energisch seine Kandidatur für die Ortodoxos. Hier ergaben sich Probleme insofern, als Roberto Agramonte, der Nachfolger Raúl Chibas' im Amt des Parteivorsitzenden, ihn nicht in die Kandidatenliste aufgenommen hatte, weil er seinen Aktionismus fürchtete. Castro griff indessen zu einem Trick und ließ sich in Cayo Hueso, einem Armenviertel der Hauptstadt, als Kandidat aufstellen. Mit Hilfe der von ihm innerhalb der Partei formierten acción radical ortodoxo entfachte Castro einen politischen »Blitzkrieg« (Szulc), in dem er durchaus widerrechtlich finanzielle Ressourcen der Partei nutzte, um rund 100 000 Adressaten per Brief anzuschreiben. Seine mitreißenden Reden, die er teilweise mehrmals am Tag hielt, trugen ihren Teil dazu bei, die Castro-Legende entstehen zu lassen, die kein Führer der Ortodoxos mehr übergehen konnte. Jedermann erwartete die Wahl Castros in den Kongreß im Juni 1952. Trefflich läßt sich darüber spekulieren, wie Castros Karriere als Parlamentarier nach seiner Wahl wohl verlaufen wäre. Selbstzeugnisse belegen, daß er das Parlament im Grunde verachtete – darin war er sich mit ungezählten Kubanern einig – und daß er die parlamentarischen Spielregeln lediglich nutzen wollte, um ei-

ner revolutonären Minderheit während schwieriger Zeiten, eine Minderheit, die funktioniert wie ein Vater, der seinen Kindern etwas vorenthalten muß, was er ihnen versprochen hat. Selbstverständlich verstand sich Fidel immer selbst als die Revolution, so daß die väterliche Vorstellung doppelt wichtig ist.

Franqui über Castros Selbstbild

ne revolutionäre Umwälzung auf der Insel in Gang zu setzen. Für ihn galt: erst die Macht, dann die Revolution.

Der unblutige, kalte Putsch Fulgencio Batistas am Morgen des 10. März 1952 ersparte Fidel Castro die politisch-parlamentarische Phase seiner Karriere, vielmehr kann er als eigentliche Geburtsstunde der Kubanischen Revolution gelten.

Nicht wenige Kubaner riefen dem gestürzten Präsidenten ein triumphierendes »Prio raus!« hinterher, sie waren der ausgeuferten Korruption restlos überdrüssig. Auch die kubanische Geschäftswelt einschließlich der Großbanken sowie die Vereinigten Staaten begrüßten den Umsturz in Havanna. Andererseits versprach Prio sofort Waffenlieferungen an aufstandsbereite Studenten, die jedoch nie eintrafen. Die überwiegenden Teile der Autenticos sowie der Ortodoxos übten sich alsbald in verhalten militanter Oppositionsrhetorik. Es überrascht kaum, daß Castro zu denjenigen gehörte, die zum Griff nach den Waffen aufriefen. Noch unmittelbar unter der Nachricht von dem *golpe*, dem Putsch, stehend, verfaßte er außerhalb von Havanna seine erste politische Deklaration überhaupt. Das Manifest »*Revolución no: Zarpazo*!« (»Keine Revolution, nur ein Prankenhieb!«) enthielt wüste Beschimpfungen Batistas und ansonsten schwülstige Formeln, die den kubanischen Freiheitsdrang beschworen. Das Manifest endete mit einem Zitat aus der Nationalhymne der Insel: »In Ketten leben heißt in Schande leben!« Castro richtete darüber hinaus einen warnenden Brief an Batista, und endlich reichte er beim Verfassungsgericht Klage gegen den neuen Herrscher ein. Den zentralen Punkt der Anschuldigungen bil-

Fidel war nicht interessiert an meinen Ideen über das Bedürfnis des Einzelnen, eigene Meinungen zu haben, und nannte mich einen störrischen Dummkopf. Ich erwiderte, er müsse es ja wissen, sei er doch der König der störrischen Dummköpfe. Am Ende erkannte ich, daß es nichts Gefährlicheres gibt als einen repressiven Führer, daß nichts ihm im Wege stehen könne, nicht einmal die Menschen. Die einzige Frage war, ob wir jetzt gerade den wirklichen Fidel sahen, oder ob er eine Metamorphose durchge-

dete der Vorwurf, Batista habe die liberale Verfassung von 1940 gebrochen. Zwar wies das Gericht die Klage erwartungsgemäß ab, doch Castro hatte mit seinem Schritt einen wichtigen Erfolg errungen. Er bestand in der Grundlegung eines revolutionären Prinzips für die Zukunft, sein Handeln zielte auf revolutionäre Legitimität, seine Revolution würde ein legaler Akt gegen ein illegales Regime sein.

Nach eigenem Bekunden bemühte sich Castro in den nächsten Wochen, Ortodoxo-Führer zu Aktionszellen gegen die neue Junta zu formieren – vergebens. Erst dann habe er sich dazu durchgerungen, auf eigene Faust den gewaltsamen Kampf gegen Batista aufzunehmen.

Von März bis Mai 1952 hielt er Untergrundtreffen mit jungen Ortodoxo-Freunden ab, um eine Bewegung gegen das Batista-Regime zu formen. Vor allem reformwillige Mitglieder des Mittelstandes scharten sich um ihn. Sie waren häufig viel reformfreudiger als etwa die kubanischen Kommunisten, zu denen Castro damals bewußt Abstand hielt. Immer ging es ihm darum, möglichst viele Gruppen der Bevölkerung zu gewinnen, sich dabei aber nicht voreilig festzulegen.

Mitte 1952 existierte das Herz der künftigen Bewegung: Neben Castro kam insbesondere dem Buchhalter Abel Santamaría sowie dessen Schwester Haydee herausragende Bedeutung zu. Außerdem konnte alsbald die Richterin Melba Hernández zu Castros »Generalstab« gezählt werden.

Auf Zellenbasis organisierte er während der folgenden Monate unter strengster Geheimhaltung und bei eiserner Disziplin jene Bewegung, die in ihm ihren unangefochte-

---

macht hatte. Che Guevara vergaß niemals den ersten Mann, den er mit einem Zielfernrohr erschossen hatte, genau deswegen, weil Che niemals vergaß, daß der Feind ein Mensch ist, ein menschliches Wesen. Fidel war anders; er mußte töten, und er machte das auf eine kalte Weise, ohne Gefühl. Unter den alten Papieren aus der Kriegszeit fand ich ein Dokument, das einen Hinweis auf Fidels Nachkriegsgrausamkeit liefert. Es bezog sich auf die Anwendung symbolischer Hinrichtungen, bei denen einem nen *caudillo* sah. In Anlehnung an eine Definition Peter Waldmanns verkörpert dabei ein *caudillo* autoritäre Herrschaft, die nicht institutionell verankert ist, sondern die primär auf seinen persönlichen Führungsqualitäten beruht. Im Grunde repräsentiert Fidel Castro diesen Herrschertypus bis zum heutigen Tag.

Außer Castro versuchten noch andere Batista-Gegner Widerstand gegen das Regime zu organisieren. Im Juni 1953 fand im kanadischen Montreal ein Treffen führender Oppositioneller statt, an dem Castro jedoch nicht teilnahm und das außer einer wohlfeilen Deklaration kein konkretes Ergebnis brachte. Allerdings gewann der in Montreal anwesende Generalsekretär der jungen Ortodoxos und Freund Fidel Castros, Max Lesnick, nachdem er ihm Bericht erstattet hatte, den Eindruck, daß Castro nun fürchtete, andere Oppositionelle könnten ihm mit einer gewaltsamen Aktion gegen Batista zuvorkommen. Kurzum: Castro sah sich – zu Recht oder zu Unrecht – unter Zugzwang. Und er machte einen Plan. Er entschied sich, zeitgleiche Überfälle auf die Moncada-Kaserne in Santiago de Cuba sowie auf die Kaserne im nicht weit davon entfernten Bayamo zu starten, um damit das Fanal für eine Volkserhebung zu geben. Im Falle eines Anschlages von anderer Seite in Havanna hätte er immerhin mit Bayamo und Santiago wahrscheinlich die Provinz Oriente und somit Verhandlungsmasse in der Hand gehabt. Der geschichtsbewußte Fidel erinnerte sich ferner: Auch José Martí hatte seine Revolution im Oriente begonnen, und 1953 jährte sich schließlich des großen Vorbildes Geburtstag zum 100. Mal.

Mann gesagt wurde, er werde exekutiert, an die Wand gestellt und dann nicht erschossen. Solch ein Mann wird krank auf Grund psychischer Folter. Der falsche Henker wird zur Gefahr für die Gesellschaft.

Franqui über Castros Charakter

Moncada und Mexiko

Wenn der *golpe* Batistas, der Putsch von 1952, als Geburtsstunde der Kubanischen Revolution gelten kann, so ist die Moncada ihr Gründungsmythos.

Fidel Castro wählte rund 160 Mitglieder seiner Bewegung für das Unternehmen in Santiago und Bayamo aus, der weitaus größere Teil davon sollte in Santiago zum Einsatz kommen. Es waren ganz überwiegend Ortodoxos und nur sehr wenige Kommunisten dabei. Zu diesen zählte Castros jüngerer Bruder Raúl, der in letzter Minute hinzugestoßen war. Raúl hatte sich auf Betreiben Fidel Castros an der Universität von Havanna eingeschrieben, wo er sich den Kommunisten angeschlossen und im Februar 1953 eine Reise nach Wien zur Weltjugendkonferenz sowie in das sozialistische Rumänien unternommen hatte. Seit seiner Teilnahme am Moncada-Überfall gehört Raúl ununterbrochen zum engeren Führungskreis um Fidel Castro.

22 Fidels Bruder Raúl Castro, heute Verteidigungsminister Kubas

Auf seiner Fahrt nach Santiago bat dieser in der Stadt Colón den sympathisierenden Arzt und Funkexperten Dr. Mario Muñoz um Hilfe bei der propagandistischen Verbreitung des sogenannten Moncada-Manifestes für den Fall eines erfolgreichen Anschlags. In Santiago selbst suchte er vergebens nach Luis Conte Aguëro, den er als Rundfunksprecher gewinnen wollte. Auch wenn er ihn nicht antraf, sollte sich Conte Aguëro später als verläßlicher Helfer erweisen.

Das vorbereitete Manifest war in erster Linie als flammender Aufruf an die Kubaner zum Aufstand gegen Batista gedacht, entsprechend feurig-nationalistisch war sein Ton und voller Reformeifer der Inhalt. In elf Einzelpunkten versprach es »endgültige und vollständige soziale Gerechtigkeit«, enthielt aber keine marxistisch-ideologischen Versatzstücke. Natürlich hob es die gedankliche Treue zu den Idealen José Martís hervor und versprach – was aus der Perspektive des kommenden Revolutionsverlaufes wichtig werden sollte – den »unbedingten und ehrfürchtigen Respekt vor der Verfassung« von 1940. Ein hinzugefügter Ausschnitt aus der letzten Rede Eduardo Chibas' sollte noch einmal erkennen lassen, wo die Bewegung Castros politisch stand. Eindeutig war sie nicht marxistisch ausgerichtet, sie war aber ebenso eindeutig radikal-reformerisch orientiert und bemühte sich um die Sammlung möglichst breiter, reformwilliger Kreise der kubanischen Bevölkerung. Fidel Castro sah sich selbst in einer Traditionslinie mit José Martí, Chibas und dem ehemaligen Anführer der kubanischen Jugendbewegung Joven Cuba, Antonio Guiteras, der Anfang der dreißiger Jahre

In Bertolt Brechts ›Galileo‹ gibt es eine Figur, die erklärt: »Unglücklich das Land, das keine Helden hat«, worauf Galileo antwortet: »Unglücklich das Land, das Helden benötigt.« Im Falle Kubas treffen beide Überlegungen zu: Das Land hatte niemals einen triumphierenden Helden (José Martí wurde vor der erlangten Unabhängigkeit getötet) und seine bedrückende Geschichte ließ es nach einem hungern. Klar, Castro war die Antwort.

Tad Szulc, ›Fidel‹, 45

ebenfalls eine Kaserne im Oriente besetzt hatte und, nach einer Zeit als Minister, bei seinem Versuch, nach Mexiko zu fliehen und dort eine Invasionstruppe aufzustellen, noch auf kubanischem Boden erschossen worden war.

Wie Martí, Chibas und Guiteras mußte auch Castro mit seinem Tod im Verlauf des Moncada-Überfalls rechnen, denn das Kräfteverhältnis Soldaten zu Angreifern betrug in Santiago wie auch in Bayamo etwa zehn zu eins.

Nur wenige derjenigen Auserwählten, die sich kurz vor dem legendären 26. Juli 1953 auf einer Farm bei Siboney in der Nähe Santiagos zur letzten Vorbereitung auf den Überfall trafen, waren über das Vorhaben informiert. Folglich sprangen bei der entsprechenden Eröffnung Castros einige Anwesende von dem Unternehmen ab. Zu Recht sahen sie darin ein Selbstmordkommando. Die Abtrünnigen kamen vor allem aus der Gruppe der wenigen Studenten, mit einigen anderen Gebildeten waren sie gegenüber den übrigen Kämpfern, die einfache Land- und Fabrikarbeiter waren, in der Minderheit.

Mit Waffen ausgerüstet und in überwiegend schlecht sitzende Tarnuniformen gewandet, machten sich 111 Angreifer am 26. Juli gegen 5.30 Uhr morgens in 26 Fahrzeugen auf den Weg nach Santiago. Der Zeitpunkt war mit

23 Die Kaserne Moncada

Bedacht gewählt: Es herrschte Karneval, und vermutlich kämpften die Soldaten der Kaserne um diese Uhrzeit mit einem heftigen Kater, allerdings gab es wegen der Festzeit personelle Verstärkung beim Militär vor Ort. In Bayamo machte sich etwa zur gleichen Zeit die Restgruppe der Bewegung auf zum Angriff auf die dortige Kaserne. Bayamo lebte aus der kubanischen Geschichte, und Castro wußte auch dies: Im gescheiterten Unabhängigkeitskrieg gegen Spanien von 1868 war sie die erste befreite und im zweiten Freiheitskrieg von 1895 die einzig restlos zerstörte Stadt der Insel gewesen.

Die Attacken auf die Moncada und in Bayamo sind immer wieder geschildert worden. War schon das Kräfteverhältnis für die Angreifer mehr als riskant, sorgten Fehler unmittelbar an den Orten des Geschehens für ein Fiasko. Vor der Moncada kam es zunächst zu einem zeitraubenden Mißverständnis zwischen Renato Guitart, dem Fahrer des ersten Wagens, der Castro und seinen Begleitern den Weg ins Innere des Kasernengeländes öffnen sollte, und schon zuvor hatte es eine kritische Situation gegeben, als sich einige Fahrzeuge des Konvois in den Straßen Santiagos verfuhren. Während sich rund 50 Frondeure in der Kaserne Schießereien mit den verschlafenen Soldaten lieferten und auf Grund von Fehlinformationen viel Zeit bei der Suche nach der Waffenkammer sowie nach Funkgeräten verloren, gelang es immerhin Léster Rodríguez und Raúl Castro, den benachbarten Justizpalast zu erobern, während Abel Santamaría, seine Schwester Haydee, Melba Hernández und Mario Muñoz erfolgreich das nahegelegene Saturnino-Lora-Hospital in ihre Gewalt brachten. Doch

---

Drei Stunden sind bei ihm guter Durchschnitt für ein gewöhnliches Gespräch. Und im Dreistundentakt vergehen bei ihm die Tage wie ein Hauch. Da er kein steifer Regierungschef ist, der sich in seinen Büros verbarrikadiert, vielmehr die Probleme vor Ort anschaut, kann man sein leises Auto zu jeder Tageszeit, sogar weit nach Mitternacht und ohne begleitendes Knattern von Motorrädern, auf einem der leeren Bouelevards von Havanna oder auf einer abgelegenen Landstraße sehen. Auch darauf ist wie auch in Bayamo brach die Attacke schließlich zusammen, drohten die Eindringlinge eingeschlossen zu werden. Castro ordnete daher den Rückzug an. Der Befehl wurde im Krankenhaus zunächst nicht registriert, weshalb die Schießereien dort noch einige Zeit anhielten. 19 Soldaten verloren während der etwa einstündigen Kampfhandlungen ihr Leben, Castro hatte den Verlust von zunächst neun Getöteten in Bayamo und Santiago zu beklagen. Mario Muñoz wurde an seinem 41. Geburtstag erschossen. Knapp 80 Angreifer fielen in die Hände der Soldaten Batistas, der Rest, darunter auch Castro, entkam in vorher nicht abgesprochene Fluchtorte, etwa in die dichten Wälder der Umgebung Santiagos. Die ca. 80 Gefangenen erwartete ein wahres Martyrium in den Folterkellern der Militärs, 68 starben in den nächsten Tagen und Wochen an den Folgen schwerster Mißhandlungen. Abel Santamaría gehörte zu den zu Tode Gequälten, seine Schwester mußte im Gefängnis die Schreie des Bruders ertragen; seine Peiniger hegten wohl die Erwartung, sie werde zusammenbrechen und weitere Mitwisser der Verschwörung nennen, die das Regime Batista in den Reihen von Ex-Präsident Prio vermutete. Auch viele unbeteiligte Kommunisten wurden im Nachgang zur Moncada vorübergehend verhaftet, obwohl sie und ihr angesehener Parteichef Blas Roca völlig ahnungslos gewesen waren und den Angriff wenig später als abenteuerlichen »Putsch« verurteilten.

Nicht so sehr der Überfall auf die Moncada selbst beeindruckte die breite Masse der Kubaner, sie war in den Augen vieler nur eine der Gewalteruptionen, die den Weg der kubanischen Geschichte pflasterten. Hingegen schade-

---

die Legende zurückzuführen, daß er ein Einzelgänger ohne Ziel sei, ein Schlafloser, der chaotisch und wenig förmlich, jederzeit irgendwo zu Besuch auftauchen und die Besuchten bis zum Morgengrauen um den Schlaf bringen könnte.

Gabriel García Márquez, »Mein Freund Castro«, in: ›Die Zeit Magazin‹, 25. Juli 1997 te sich das Regime Batista enorm durch das Ausmaß und die Heftigkeit, mit der es die Besiegten quälte und zu vernichten trachtete. Zunächst machten wegen der Zensur nur Gerüchte die Runde über die Insel, doch dann erschienen immer mehr Berichte und sogar Fotos von den Gefolterten des 26. Juli. Damit begann allmählich auch in den Kreisen des Bürgertums Sympathie für Castro und seine Leute zu wachsen. Er selbst hatte wieder einmal Glück – oder sollte man sagen: unverschämtes Glück? Erzbischof Pérez Serantes, ein alter Freund seines Vaters, machte sich zusammen mit einigen anderen Honoratioren Havannas für die Geschlagenen stark und forderte mit Erfolg ein Ende der Brutalitäten. Serantes selbst brach mit einem Megaphon bewaffnet in die umliegenden Berge Santiagos auf, um Fidel Castro zu suchen und ihn zur Aufgabe zu bewegen. Einige Rebellen folgten dem Aufruf, andere, darunter Castro, hingegen nicht. Am 1. August stolperte buchstäblich eine Militärpatrouille unter Leitung des schwarzen Leutnants Pedro Manuel Sarria über drei schlafende Männer in einem Schuppen. Einer von ihnen war Castro, und Sarria erkannte ihn zufällig von der Universität. Wahrscheinlich verdankte Fidel Castro diesem erneuten Glücksfall sein Leben, denn Sarria ließ ihn unverzüglich wissen, daß er die Bekanntschaft nicht zu erkennen geben solle, da er ihn sonst töten müsse. Sarria besaß den Mut, Castro und die beiden übrigen Gefangenen nicht im Militär-, sondern im Stadtgefängnis von Santiago abzuliefern – ein klarer Verstoß gegen den Befehl. Neugierige vor dieser Haftanstalt wurden Zeugen der körperlichen Unversehrtheit der drei Gefangenen, was

Ein Jurist: »Wer war der intellektuelle Urheber des Überfalls?«
Angeklagter: »Der intellektuelle Urheber war José Martí.«
Ein anderer Jurist: »Hatte Abel Santamaría irgendwelche von Lenins Werken studiert?«
Angeklagter: »Möglich. Wir lasen Lenin und andere sozialistische Autoren. Jemand, der es nicht tut, ist ein Ignorant.«

Fidel Castro vor Gericht im Moncada-Prozeß 1953. Interne M–26–7-Dokumente, erstmals 1976 in ›Diario de la Revolución cubana‹

ihre künftige Folterung einigermaßen unwahrscheinlich machte, wogte doch die öffentliche Empörung über das Schlachten in den Verliesen des Militärs hoch.

Zusammen mit Melba Hernández und Haydee Santamaría wurde Castro für einige Tage in das außerhalb Santiagos gelegene Puerto-Boniato-Gefängnis verlegt, wo der Anführer des Überfalls einen Einzelhaftblock zugewiesen bekam.

Am 21. September 1953 begann in einem Gericht Santiagos der Prozeß gegen Castro und seine Mitstreiter. Bereits am Eröffnungstag riß Castro noch während der Beweisaufnahme die Initiative an sich und funktionierte laut gestikulierend das Verfahren in eine heftige Anklage gegen das Regime um. Der alleinige Urheber des Moncada-Überfalls sei José Martí, verkündete er in dem überfüllten Gerichtssaal, »der Apostel unserer Unabhängigkeit«. Das Gericht gab noch am selben Tag seinem Antrag auf Selbstverteidigung statt, da er auf seinen Anwaltsstatus verwiesen hatte.

Am dritten Sitzungstag, dem 26. September, wurde zu Beginn der Verhandlung bekannt, daß versucht worden war, Castro zu vergiften. Der mit dem Attentat beauf-

24 Polizeiaufnahme Fidel Castros nach seiner Festnahme

tragte Hauptmann hatte sich jedoch geweigert, die Tat auszuführen.

Am 16. Oktober 1953 hatte Castro dann vor der Urteilsverkündung seinen historischen Auftritt. Mehrere Tage hatte er ihn vorbereitet, seine geplante Abschlußrede vor einem Mitgefangenen wiederholt geübt und immer wieder an ihr gefeilt. Zwei Stunden sprach er dann vor seinen Richtern und analysierte dabei das soziale Elend der einfachen Kubaner, das nach seiner Auffassung einen revolutionären Umbruch geradezu erzwinge. »Kuba leidet unter einem brutalen und schändlichen Despotismus, und Ihnen entgeht nicht, daß der Widerstand gegen den Despotismus legitim ist«, rief er aus und fuhr dann fort: »Dieses Prinzip wird weltweit anerkannt, und unsere Verfassung von 1940 verankert es ausdrücklich … Das Recht auf Widerstand … ist vollständig gültig.« Er schloß seine Rede mit den berühmten Sätzen: »Was mich angeht, weiß ich, daß das Gefängnis hart sein wird, so wie es nie zuvor für jemanden gewesen ist, voll Drohungen, voll niederträchtiger und feiger Wut, aber ich fürchte es nicht, wie ich auch nicht die Wut des elenden Tyrannen fürchte, der 70 meiner Brüder ums Leben brachte. Verurteilt mich, es macht

nichts, die Geschichte wird mich freisprechen.« ›La historia me absolverá‹ (Die Geschichte wird mich freisprechen) sollte die Gründungsurkunde der Kubanischen Revolution werden. Als Druckschrift rund 20 000 Mal illegal vervielfältigt und immer wieder neu aufgelegt, enthielt sie Grundzüge des politischem Denkens und Wollens Castros zur Zeit seiner Haft. Über ihre Entstehung kursieren unterschiedliche Versionen, wahrscheinlich ist aber, daß Castro aus der Erinnerung Teile in Geheimschrift zu Papier brachte und aus dem Gefängnis schmuggelte. In der endgültigen Fassung erschien die Schrift auf Kuba im Juni 1954.

Fraglos waren Richter und Beisitzer ebenso fasziniert und beeindruckt von Castros Tirade wie die zahlreichen Zuhörer im Gerichtssaal. Nachdem sich die Gemüter beruhigt hatten, verkündete das Gericht das Urteil. Fidel Castro wurde zu 15 Jahren, sein Bruder Raúl sowie zwei weitere Angeklagte wurden zu 13 Jahren Haft verurteilt. Die beiden einzigen Frauen, Melba Hernández und Haydee Santamaría, erhielten je sieben Monate, die übrigen Angeklagten einschließlich der Kommunisten kamen mit einem Freispruch davon.

Der unbarmherzigen und maßlosen Reaktion der Schergen Batistas im Anschluß an den Überfall auf die Moncada einerseits sowie seiner grandiosen Schlußrede vor Gericht andererseits verdankte es Castro, daß er und seine Bewegung Sympathien auf Kuba gewannen und er selbst im Begriff war, ganz allmählich die Statur eines Helden zu erlangen. Zunächst aber befand er sich nach der Urteilsverkündung am vorläufigen Tiefpunkt seiner Karriere: Die

◄ 25 Der Maler René Mederos fertigte einen Gemäldezyklus über den Moncada-Überfall an, dessen Höhepunkt Castros historische Abschlußrede vor dem Gericht am 16. Oktober 1953 darstellt.

Anwaltskanzlei konnte er vergessen, und ein politisches Comeback schien ausgeschlossen, da er damit rechnen mußte, die 15 Jahre vollständig abzusitzen.

Entgegen seiner Befürchtung gestaltete sich die Haftzeit auf der Gefängnisinsel Isla de Pinos (heute Isla de la Juventud) recht erträglich. Die dort Inhaftierten durften Bücher empfangen und ungehindert lesen, sie waren ferner in der Lage, selbständig entworfene Studienkurse in verschiedenen Fächern abzuhalten. Glaubt man den Angaben Castros in seinen später veröffentlichten Briefen aus der Haft, muß er wahre Berge von Büchern verschlungen und dabei seine politischen und ideologischen Überzeugungen abgerundet haben. Klassiker der Weltliteratur von Shakespeare, Hugo und Dostojewskij gehörten offenbar ebenso zu seiner Lektüre wie Schriften von Karl Marx, Lenin sowie vier Bände der Werke Sigmund Freuds. Wie schon in Schülertagen faszinierten ihn große historische Gestalten und das Phänomen der Revolution schlechthin – die Französische Revolution hatte es ihm aber vor allen anderen angetan.

Auch Besuch durften er und seine Mitgefangenen relativ unkompliziert empfangen. Dies waren Gelegenheiten, bei denen Castro Teile seiner Schrift ›La historia me absolverá‹ nach draußen gelangen lassen konnte. Die gedruckte Version des Redetextes stellte eine Mischung aus einer Analyse der sozialen Verhältnisse Kubas, einer Heroisierung seiner Geschichte und einiger konkreter Forderungen dar. Keine Geringeren als Thomas von Aquin, Martin Luther, Johannes Althusius, Thomas Paine sowie die Verfassung der Vereinigten Staaten standen Pate für Castros Begrün-

4. April 1954: Nachdem ich mir eine Zeitlang den Kopf über Kant zerbrochen habe, scheint mir Marx einfacher als das Vaterunser zu sein. Wie auch Lenin hatte er einen Wahnsinnsappetit auf Polemik, und ich habe Spaß und lache, wenn ich sie lese. Sie waren unversöhnlich und Angst einjagend für ihre Feinde. Zwei echte revolutionäre Prototypen. Jetzt werde ich erst mal was essen: Spaghetti mit Tintenfisch, italienische Bonbons zum Dessert, frischen Kaffee ... Wenn ich morgens in meinen Shorts ein Son-

dung der gewaltsamen Aktion gegen den illegalen Diktator. Vor allem um dem Urteil der Kommunisten Kubas entgegenzutreten, der Übefall auf die Moncada sei nur ein Putsch gewesen, verwandte Fidel in der Schrift einige Mühe darauf, die Aktion selbst und ihre angeblichen Erfolgschancen zu begründen. Fünf »revolutionäre Gesetze« steckten den Forderungskatalog seiner Bewegung ab: Erstens müsse die liberale Verfassung von 1940 wieder in Kraft gesetzt werden, bis das Volk eine Änderung oder Anpassung beschließe, zweitens sollte allen Pächtern, Unterpächtern sowie mit Naturalien zahlenden Kleinpächtern und Ansiedlern ohne Rechtstitel, die Flächen von maximal umgerechnet ca. 67 Hektar bearbeiteten, ein nicht verpfändbares und nicht übertragbares Eigentumsrecht an diesem Land gegeben werden. Drittens sei allen Arbeitern und Angestellten ein Anteil von 30 % an den Gewinnen großer Industrie-, Handels- und Minenunternehmen einschließlich der bedeutenden Zuckerfabriken zu gewähren. Viertens sollte allen Zuckerrohrpflanzern ein Anteil von 55 % an der gesamten Zuckerrohrproduktion zugesprochen werden, und schließlich, fünftens, sei das gesamte Eigentum und aller unrechtmäßig erworbene Profit derer zu konfiszieren, die unter früheren Regierungen Betrügereien begangen hatten.

Das Programm umfaßte somit reformerische Elemente, die weite Kreise der kubanischen Landbevölkerung ansprachen. Zwar frei von Marxismen, eröffnete es gleichwohl einen Brückenschlag zu den Kommunisten. Gemessen an der späteren Frontstellung von Castros Kuba gegenüber den USA fiel ferner auf, daß jegliche Attacke

nenbad nehme und ich die Seeluft spüre, ist es, als wäre ich am Strand ... Die Leute werden denken, ich bin im Urlaub. Was würde Marx von so einem Revolutionär denken?

Brief Castros aus der Haft

auf den Koloß im Norden fehlte. Daß Castro abermals die Wiedereinsetzung der Verfassung von 1940 forderte, steht gleichfalls in einem bemerkenswerten Kontrast zur weiteren Entwicklung Kubas unter seiner späteren Herrschaft.

Nach seinem Haftantritt auf der Isla de Pinos drohten Fidel und seine Bewegung allmählich in Vergessenheit zu geraten – dies um so mehr, als sich das Regime Batista einzurichten begann und sich einer insgesamt prosperierenden Wirtschaft erfreuen konnte. Von einem »Altweibersommer« seiner Herrschaft ist gesprochen worden (H. Thomas), eine Charakterisierung, die nicht gerade auf das Heranreifen revolutionärer Zustände schließen läßt, das allein hätte Castro und seinen Gefolgsleuten Auftrieb geben können. Der *caudillo* auf der Insel nahe der Insel bemühte sich nach Kräften, die Erinnerung an sich und seine Bewegung wachzuhalten. Wieder in Freiheit, wirkten in diesem Sinne unermüdlich die beiden Frauen der Bewegung, Haydee Santamaría und Melba Hernández. Es spricht für ihre ungebrochene politische Grundorientierung, daß sie sofort nach ihrer Haftentlassung einen Kranz am Grab Eduardo Chibas' niederlegten.

Im Gefängnis komplizierte sich Castros Situation dadurch, daß er über seine Frau Mirta und ihren Bruder Rafael ungewollt in die Nähe zum Batista-Regime geriet. Genau ein Jahr nach dem Überfall auf die Moncada, am 26. Juli 1954, erhielt Castro im Gefängnis Besuch von Innenminister Hermida. Während ihres Gespräches kam die Rede auch auf die Rolle Rafaels in seiner Eigenschaft als Staatssekretär im Innenministerium. Castro wähnte, daß Rafael in der Öffentlichkeit den Eindruck zu erwek-

Robespierre war ein Idealist und ein ehrenwerter Mann bis zu seinem Tod. Mit der Revolution in Gefahr, den Grenzen von Feinden umgeben, mit zum Dolchstoß in den Rücken bereiten Verrätern, mit Wankelmütigen, die das Werk vermasselten, war es notwendig, hart, unnachgiebig und streng zu sein. Er mußte auf der Seite des Exzesses sündigen, niemals auf jener der Mäßigung, weil er die Ursache der totalen Niederlage sein könnte. Einige Monate des Terrors waren notwendig, um einen jahrhunderteken suche, er sei in der Haft psychisch angeschlagen und bereit, den politischen Kampf aufzugeben. Gegenüber Hermida wies er jedes Ansinnen dieser Art zurück, und nach draußen ließ er die Mitteilung schmuggeln, lieber wolle er tausend Jahre im Zuchthaus verbringen, als Milde zu erbitten. Schwer zu schaffen machte ihm jedoch die Nachricht, seine Frau lebe von einer Pension der verhaßten Regierung.

Vermutlich hatte sich Mirta schon seit längerem mit dem Gedanken an eine Trennung von ihrem Mann getragen, um so mehr, als sie wahrscheinlich von seinem Verhältnis zu Natalia (Naty) Revuelta, der attraktiven Frau eines Arztes, erfahren hatte, das er noch im November 1952 begonnen hatte. Mirta reichte die Scheidung ein, und die Ehe der Castros wurde schließlich im Jahre 1955 aufgelöst. Fidel Castros Sorge galt damals vor allem dem kleinen Fidelito, den er zu Recht unter den bestimmenden Einfluß der Familie Diaz-Balart und ihrer Nähe zum Batista-Regime geraten sah. Jahre später, nach dem Sieg der Revolution, ging aus der Beziehung Castros mit Naty Revuelta ihre gemeinsame uneheliche Tochter Alina hervor, die ihren Vater mit Haß verfolgt.

Im November 1954 hatte sich Batista angesichts einer politisch beruhigten und wirtschaftlich erfreulichen Gesamtlage auf der Insel manipulierten Wahlen gestellt und sie in Ermangelung eines Gegenkandidaten gewonnen. Grau San Martín war zunächst noch einmal gegen Batista angetreten, hatte dann aber seine Kandidatur wieder zurückgezogen. Im Februar 1955 in sein Amt eingeführt, genoß Batista nun den Ruf eines legal gewählten Präsidenten,

langen Terror zu beenden. Kuba braucht viele Robespierres.

Brief Castros an Naty Revuelta, 23. März 1954
Zit. n.: Franqui (›Diary‹), 248

und US-Vizepräsident Richard Nixon verlieh seiner Herrschaft höhere Weihen, als er noch im selben Monat Kuba einen Besuch abstattete.

Es war wohl seinem Gefühl ausgeprägter Selbstsicherheit geschuldet, daß sich Batista der allgemein erhobenen Forderung nach einer Amnestie für alle politischen Gefangenen beugte und dieselbe Mitte April 1955 verkündete. Rückblickend läßt sich leicht behaupten, dies sei ein kapitaler Fehler Batistas gewesen, denn auch Castro kam in den Genuß der Maßnahme. Indes war es vermutlich schwer für den Regierungschef, sich dieser Forderung länger zu widersetzen, die zuvor auch von Grau San Martín formuliert worden war. Im übrigen spiegelte die Freilassung Castros seine immer noch begrenzte Bedeutung und Bekanntheit, ungeachtet des Moncada-Paukenschlages.

Gemeinsam mit seinem Bruder Raúl sowie 18 Anhängern verließ Fidel Castro am 15. Mai 1955 das Gefängnis auf der Isla de Pinos und schritt in die Freiheit. Nach Aussagen von Haydee Santamaría und Melba Hernández entschieden sich die Freigelassenen während der Bootsfahrt zum Festland dafür, ihrer Gruppierung den Namen »Movimiento 26–7« (»Bewegung des 26. Juli«, kurz M–26–7) zu geben. Die vorgeschlagene Bezeichnung »Moncada« fand keine Mehrheit. Vielleicht unbewußt entschied sich Castro für die Farben Rot und Schwarz als Symbol von M–26–7, es waren dies immerhin die Farben des Anarchismus. Monatelang trat M–26–7 nicht eigenständig in Erscheinung, statt dessen bezeichnete Castro die Bewegung noch im August 1955 als »revolutionären Apparat des *chibasismo*«. Nach wie vor war Eduardo Chibas das große politische Vorbild.

26 Haydee Santamaría

Zurückgekehrt nach Havanna, bemühte sich Castro über mehrere Wochen, die Ortodoxos und andere Batista-Gegner zu einem Bündnis zusammenzuschweißen. Seine Rhetorik kreiste weiterhin um den Begriff der sozialen Revolution zugunsten der kubanischen Massen, oder, wie er formulierte, der *humildes*, der Erniedrigten. Sein Problem bestand jedoch darin, daß ihm kaum ein Propagandaforum zur Verfügung stand. Die Zeitung ›La Calle‹, in der er anfangs Attacken gegen die Regierung ritt, wurde kurzerhand verboten und er selbst von Radiostationen und öffentlichen Auftritten gebannt.

Im Sommer 1955 entschloß er sich endlich, seinem nach Mexiko geflüchteten Bruder Raúl zu folgen. Raúl hatte das Land wegen einer – unberechtigten – Beschuldigung der Brandstiftung verlassen müssen.

Bevor Fidel Castro Kuba am 7. Juli verließ, hielt er in Havanna eine Versammlung Gleichgesinnter ab, zu der nun auch die Versprengten einer anderen Widerstandsbewegung, des Movimiento Nacional Revolucionario (MNR) von Rafael García Barcena, gehörten. Die Verschmelzung des M–26–7 mit dem MNR bei dieser Gelegenheit stellte eine beachtliche Leistung Castros dar, denn sie führte seiner Bewegung angesehene und überaus fähige Köpfe zu, die während seiner Abwesenheit im mexikanischen Exil als verläßliche Statthalter auf der Insel gelten konnten. Der Medizinstudent Faustino Pérez zählte ebenso dazu wie der Anwalt Armando Hart. Frank País aus dem Oriente, der Sohn

27 Frank País

eines Baptistenpredigers, sollte sich als geschickter und unerschrockener Organisator erweisen, und kaum zufällig ernannte Castro ihn zum Chef aller »Aktionsgruppen« des M–26–7 auf Kuba.

Castro fand in den letzten Wochen vor seiner Abreise noch wiederholt Gelegenheit, seinen Sohn zu sehen. Darüber hinaus versuchte er Naty Revuelta, die von ihm mit Alina schwanger war, zu überreden, ihn nach Mexiko zu begleiten, was sie jedoch ablehnte.

Im Bewußtsein, eine heroische und historische Mission im Geist Martís, Guiteras und Chibas' zu erfüllen, trat Castro die Reise ins nahe gelegene Mexiko an. Zuvor hatte er einen Brief an die wichtigen politischen Führer seines Landes geschickt, in dem er seinen Schritt erläuterte und begründete. Die Zeitschrift ›Bohemia‹ zitierte: »Wir werden wiederkehren, wenn wir unserem Volk Freiheit und das Recht auf ein würdiges Leben ohne Despotismus und Hunger bringen können ... Da dem Volk alle Tore für einen zivilen Kampf verschlossen sind, bleibt keine andere Lösung als die von '68 und '95.« Gemeint waren die gewaltsamen Aufstände der Kubaner gegen Spanien im 19. Jahrhundert.

Mexiko stand seit langem im Ruf, ein bevorzugtes Refugium für politische Flüchtlinge der Linken aus aller Welt, vor allem aber aus Lateinamerika zu sein. Leo Trotzki hatte hier bis zu seiner Ermordung gelebt, und zahlreiche linksgerichtete Guatemalteken, die nach dem CIA-gesteuerten Putsch gegen die fortschrittliche Regierung Arbenz 1954 ihr Land verlassen mußten, fanden sich in Mexiko ebenso wie eine beachtliche kubanische Kolonie.

Die **mexikanische Revolution** sowie die postrevolutionäre Konsolidierung Mexikos zwischen 1910 und 1940 faszinierte weite Teile der politischen Linken Lateinamerikas. Im Kern ging es in der Revolution, die insgesamt etwa 1 Mio. Todespofer forderte, um die Landfrage, um das Problem also, wie insbesondere die besitzlosen Kleinbauern, die Campesinos, zu eigenem Land kommen konnten. Darüber hinaus war der Streit um den Einfluß der Kirche ein Charakteristikum dieser Revolution. Unter den Präsidenten Obregon (1920–1924) und Elias Calles (1924–

In den rund 17 Monaten seines Aufenthalts in Mexiko bereitete Castro eine gewaltsame Aktion zum Sturz Batistas vor. Im Mittelpunkt seiner Gedanken stand die Anlandung eines militärisch organisierten Expeditionskorps im Oriente Kubas, das zeitgleich mit koordinierten Aufständen der Aktionsgruppen sowie einem Generalstreik das Land unregierbar machen und Batista zur Kapitulation zwingen sollte. Sich selbst hatte Castro zunächst keine Führungsposition unmittelbar nach dem Sturz der Diktatur zugedacht.

Dank seines bezwingenden Rede- und Überzeugungstalents gelang es Castro zusammen mit seinem Bruder Raúl, wohlhabende und wohlwollende Kubaner in Mexiko für ihre Sache zu gewinnen. Orlando de Cárdenas gehörte dazu, ferner die Schriftstellerin und Schauspielerin Teresa Casuso. Sie schrieb später über ihren ersten Eindruck von Fidel Castro: »Groß, glattrasiert, mit kurzgeschnittenem, kastanienbraunem Haar und korrekt in einen braunen Anzug gekleidet, hob er sich durch sein Aussehen und seine Haltung deutlich von den übrigen Männern ab. Er vermittelte den Eindruck von Vornehmheit, Sicherheit, Besonnenheit – wie ein großer Neufundländer … Er wirkte sehr gelassen und flößte einem Zutrauen und Sicherheit ein … Seine Stimme war ruhig, sein Ausdruck ernst, sein Betragen gemessen und liebenswürdig. Mir fiel auf, daß er die Angewohnheit hatte, seinen Kopf zu schütteln – so wie ein Vollblutpferd.«

Einflußreiche Freunde waren notwendig, wenn es um die Anmietung von konspirativen Wohnungen, von Autos, von Depotraum für Waffen und Munition sowie um

---

1928) flaute die revolutionäre Gewalt allmählich ab, wofür u. a. Maßnahmen zur Landverteilung und Verbesserungen für die Arbeiterschaft verantwortlich waren. Hatte Präsident Calles noch 1926 die Schließung aller Kirchen verfügt, milderte sein Nachfolger Cardenas (1934–1940) die antiklerikalen Tendenzen wieder. Die Trennung von Staat und Kirche blieb jedoch aufgrund der Verfassung von 1917 in Kraft. Cardenas erwarb sich besondere Sympathien der Mexikaner, als er 1938 die Ölgesellschaften der USA und Großbritanniens nationalisierte.

die Beschaffung von Geld, Geld und immer wieder Geld ging. Das sollte Castros größtes Problem während der gesamten Exilszeit bleiben, dafür mußte er sich nicht selten gehörig verbiegen. Finanzielle Mittel in erheblichem Umfang waren erforderlich, um etwa militärische Trainingskurse für seine rund 80 Anhänger abhalten zu können. Ihre Durchführung lag in den Händen eines Veteranen des Spanischen Bürgerkriegs, Alberto Bayo. Zeitweilig fanden die Übungen in aller Öffentlichkeit im Chapultepec-Park der Hauptstadt Mexico-City statt, wohin Castro zunächst gezogen war. Später wurde die 40 km außerhalb der Metropole gelegene Ranch Santa Rosa angekauft, wo das Training weithin unbeobachtet stattfinden konnte. Geld erwies sich auch als unerläßlich, um die mexikanischen Polizisten und mögliche Batista-Spitzel in ihren Reihen bestechen zu können. Castro hatte bei seiner Einreise nach Mexiko nur ein Touristenvisum besessen, nach dessen Ablauf befand er sich, wie die meisten seiner Mitstreiter auch, illegal im Lande.

Bereits wenige Wochen nach seiner Ankunft, irgendwann in den Sommermonaten 1955, kam es zu der für den weiteren Verlauf der kubanischen Revolution so immens bedeutsamen Begegnung Castros mit Ernesto »Che« Guevara.

Im Jahre 1928 im argentinischen Rosario als Sohn linksgerichteter, wohlhabender Eltern geboren, besaß Guevara de la Serna eine solide Schul- und Universitätsausbildung. Als Arzt hatte er im Guatemala des populären, linksgerichteten Präsidenten Jacobo Arbenz gearbeitet und war nach dem Sturz der Regierung nach Mexiko verschlagen

Ich begegnete ihm in einer dieser kalten mexikanischen Nächte und weiß noch, daß unsere erste Diskussion die politische Weltlage betraf. Nach ein paar Stunden – im Morgengrauen – hatte ich mich schon dem künftigen Unternehmen angeschlossen. Nach den Erfahrungen, die ich auf meinen Reisen durch Lateinamerika und am Ende in Guatemala gemacht habe, war es nicht schwer, mich zur Teilnahme an irgendeiner Revolution gegen einen Tyrannen zu überreden, aber Fidel beeindruckte mich auch als

28 Ernesto »Che« Guevara

worden. Che Guevara hatte marxistische Literatur gelesen, konnte aber nicht eigentlich als »gelernter« Marxist bezeichnet werden. Er träumte wohl von einer Revolution im karibischen Raum, welche die sozialen Ungerechtigkeiten und die allgegenwärtige Korruption hinwegfegen würde. Zeitlebens machte ihm ein schweres Asthmaleiden zu schaffen und, obwohl damals verheiratet, ist von ihm das Wort überliefert: »Ich bin mit meinem Asthma verheiratet.« Castro sollte später sagen, die Revolution sei auch eine wunderschöne Braut.

Che Guevara entwickelte sich trotz seines gesundheitlichen Handicaps zu einem der besten militärischen Trainingsabsolventen unter Alberto Bayos Führung, und es war klar, daß Castro mit ihm ein Mann von ganz ungewöhnlichem Zuschnitt zugewachsen war. Lucila Velazquez, eine langjährige Gefährtin sowohl Castros als auch Ches, beschreibt, wie man heute sagen würde, das Synergetische an der sich entwickelnden Freundschaft zwischen den beiden Männern: »Fidels Leidenschaft für Kuba und Guevaras revolutionäre Ideen entzündeten sich aneinan-

außergewöhnlicher Mann. Er stellte sich den ungewöhnlichsten Dingen und löste sie ... Ich teilte seinen Optimismus. Es gab vieles zu tun, für vieles zu kämpfen, vieles zu planen ... Wir mußten aufhören zu weinen und anfangen zu kämpfen.

Che Guevara über sein erstes Treffen mit Fidel Castro, das von dessen Bruder Raúl vermittelt worden war der wie ein Steppenbrand, der hell auflodert. Der eine war impulsiv, der andere nachdenklich; der eine gefühlsbetont und optimistisch, der andere kalt und skeptisch. Der eine war nur an Kuba gebunden, der andere an ein ganzes Netz von sozialen und wirtschaftlichen Zusammenhängen. Ohne Ernesto Guevara wäre Fidel Castro vielleicht niemals Kommunist geworden. Und ohne Fidel Castro wäre Ernesto Guevara möglicherweise nicht mehr gewesen als ein marxistischer Theoretiker, ein idealistischer Intellektueller.«

Noch so viele politische Diskussionen unter dem mexikanischen Sternenhimmel vermochten Castros Hauptproblem, den chronischen Geldmangel, nicht zu lösen. Um endlich bedeutende finanzielle Ressourcen zu erschließen, begab er sich im Oktober auf eine Reise in die Vereinigten Staaten, für die er sich bezeichnenderweise Geld leihen mußte. In New York, Philadelphia, Tampa und Miami suchte er die dortigen exilkubanischen Kreise auf und warb eindringlich um Hilfe für sein Ziel, eine nicht näher definierte, auf jeden Fall aber soziale Revolution auf der Insel zu entfachen. In einer Rede in New York bekräftigte er zuvor schon geäußerte, zeitliche Festlegungen: Bis Ende 1956 »werden wir frei oder aber Märtyrer sein«, erklärte er und setzte damit sich und seine Anhänger inner- und außerhalb Kubas unter Zeitdruck. Denn er wußte, daß seine Landsleute die ewig gebrochenen Schwüre der Politiker leid waren, die Einhaltung dieses Versprechens ihm zugute kommen würde. Castros Tour durch die USA war insofern ein Erfolg, als von nun an zwar begrenzte, dafür aber kontinuierliche Geldmittel nach Mexiko flossen. Von

29 Im Central Park in New York ▶

unschätzbarer Bedeutung erwies sich die Reise jedoch rund ein Jahr später, als die kleinen und größeren Financiers erfuhren, daß ihr Held auf kubanischem Boden gelandet war, die Revolution in die entscheidende Phase geführt und er damit sein Versprechen gehalten hatte.

Es gehört zu den Merkwürdigkeiten des Verhältnisses Castros zum Kuba jener Tage, daß es ihm gelang, über die Zeitschrift ›Bohemia‹ publizistische Verbreitung zu finden und damit den Gang der politischen Ereignisse ein wenig zu beeinflussen. In einem Artikel nach seiner Amerikareise wies er empört das auf Kuba verbreitete Gerücht zurück, er habe sich persönlich an den Geldspenden bereichert.

Am 19. März 1956 ließ er in einem Brief an die Ortodoxos in seiner Heimat wissen, daß er mit ihrer Organisation nun endlich zu brechen gedenke, die Ideen Eduardo Chibas' aber weiterhin verfolge und er das M–26–7 als ihren wahren Treuhänder verstanden wissen wolle. Den Hintergrund für diesen wichtigen Schritt bildete die Bereitschaft der Ortodoxos, sich angesichts stark gewachsener sozialer Spannungen auf der Insel mit der Regierung Batista zu arrangieren und gemeinsam nach politischen Lö-

sungen zu suchen. Hier erwuchs Castro existenzielle Gefahr für seinen revolutionären Lebensweg: Wie schon kurz vor dem Überfall auf die Moncada 1953 drohte die politische Entwicklung Kubas ohne ihn zu verlaufen, drohten andere Führergestalten, wie zu jener Zeit etwa der Chef des studentischen Directorio Revolucionario in Havanna, José Antonio Echeverria, ihm mit revolutionärer Agitation und Aktion zuvorzukommen. Bei zähen Gesprächen im September 1956 kamen Castro und Echeverria schließlich in Mexiko überein, mit einem Bündnis aus M– 26–7 und dem Directorio den Sturz Batistas anzustreben.

Andere Konkurrenz für die Pläne Fidels entstand aus einem – gescheiterten – Putschvorhaben kubanischer Militärs gegen Batista. Ihr Anführer, Justo Carrillo, konnte jedoch fliehen und übergab Castro Ende April 1956 bei einem Treffen 5000 Dollar als sichtbaren Beweis seiner Unterstützung. Carrillo war es endlich auch, der Castro überredete, ausgerechnet beim Erzfeind Nummer eins aus früheren Tagen um Geld zu bitten: Ex-Präsident Prio Socarras. Prio lebte in Miami im Exil und hatte von Castro wegen dessen *gangsterismo*-Verstrickungen in der Universitätszeit keine gute Meinung. Durch die Vermittlung Teresa Casusos, die eine alte Freundin Prios war, kam es dennoch zu einer Begegnung der beiden an der mexikanisch-amerikanischen Grenze. Prio rechnete sich wohl aus, daß ihm im Falle einer erfolgreichen Revolution unter Führung Castros noch einmal das Präsidentenamt zufallen würde, anders ist seine Bereitschaft, dem M–26–7 Fidel Castros 50 000 Dollar zu spenden, kaum zu erklären. Castro selbst war bei diesem Bittgang naturgemäß höchst

Diesen Raúl kannte ich nicht. Ich kannte einen Jungen, fast Bartlosen, aber wie wuchs er nun vor meinen Augen mit seiner Rede? … Er wuchs vor mir wie ein Gigant … Wir haben in Raúl einen Koloß bei der Verteidigung revolutionärer Prinzipien … Wenn die wahnsinnigen Mörder eines Tages das Leben unseres Idols Fidel auslöschen … und dabei denken, daß sie durch sein Opfer das Licht der Revolution auslöschen, dann wissen sie nicht, dann haben sie nicht die leiseste Ahnung von dem Mann, unwohl, er hat ihn später höchst pragmatisch mit dem Zwang zum Handeln gerechtfertigt.

Der Zwang ergab sich auch aus einem anderen Grund: Castro und seine Mitstreiter konnten nicht mit endloser Duldung in Mexiko rechnen. Am 21. Juni wurden er und ein weiterer Moncadista von Polizisten verfolgt, gestellt und inhaftiert. Auf Santa Rosa fand eine Razzia statt, in deren Verlauf 45 weitere Revolutionäre verhaftet wurden. Alle Inhaftierten hatten sich vor Gericht wegen des Verstoßes gegen die Einwanderungsgesetze, wegen Vorbereitung einer Verschwörung gegen die Regierung eines anderen Landes sowie wegen unerlaubten Waffenbesitzes zu verantworten. Nach gut einem Monat befanden sich Castro und seine Leute zwar wieder in Freiheit, doch war ihnen überdeutlich geworden, daß Mexiko auf Dauer kein sicherer Ort sein würde.

Sein Privatleben stand zu dieser Zeit im Zeichen einer intensiven, aber diskret unterhaltenen Affäre zu der nicht einmal zwanzigjährigen Isabelle Custodio. Es gab wohl ernsthafte Heiratsabsichten, doch am Ende wandte sich Isabelle wieder ihrem früheren Verlobten zu. Amouröse Abenteuer waren eigentlich allen Mitgliedern des M–26–7 untersagt, desgleichen Alkoholgenuß und sonstige kubanische Leidenschaften. Castros kubanischer Gönner im Exil, de Cárdenas, sagte einmal über Castro in Mexiko, er sei eigentlich kein richtiger Kubaner gewesen: keine Frauen, kein Alkohol, kein Glücksspiel. Er hätte noch sein recht unkubanisches Desinteresse an Musik und Fiestas hinzufügen können. Allein den Zigarren aus seiner Heimat hielt er jahrzehntelang die Treue.

---

der dann die Fackel aufgreifen würde, denn Raúl ist Fidel mal zwei in Energie, Starrheit, Charakter ... Fidel ist ein wenig beweglicher, Raúl ist gehärteter Stahl. Fidel ist beweglicher, Raúl ist eine Rechenmaschine: Man drückt einen Hebel, und was raus kommt, kommt raus. Fidel ist das Ergebnis von Talent, Überzeugung und Persönlichkeit; Raúl ist der auf ein Ziel gerichtete Strahl ... Laßt uns jene bremsen, die daran denken, Fidel zu eliminieren, statt dessen mehr die Mäßigung seiner revolutionären

Einer Absprache mit seiner Ex-Frau Mirta zufolge traf eines Tages ihr gemeinsamer Sohn Fidel in Mexiko ein. Der Vater brachte ihn bei einer befreundeten Familie in der Hauptstadt unter und brach wenig später seine Zusage, das Kind wieder nach Kuba zurückzuschicken. Er wollte es nicht dem Einfluß der Batista-nahen Familie Diaz-Balart ausgesetzt wissen. Als er jedoch Ende November 1956 seine Expedition nach Kuba startete und seinen Sohn in der Obhut einer Familie in Mexico-City zurücklassen mußte, rächte sich Mirta kurzerhand, indem sie Fidelito während eines Spaziergangs im Chapultepec-Park kidnappen ließ. Die kubanische Botschaft beteuerte Nichtwissen über diese Aktion, es handle sich um eine reine Familienangelegenheit der Castro-Balarts.

Ende September 1956 versammelten sich die meisten Führungsmitglieder von M–26–7 Kubas und Mexikos in der mexikanischen Hauptstadt, um das künftige Vorgehen zu erörtern. Castro drängte nach Temperament und objektiven Umständen auf ein baldiges Losschlagen, während sein fähiger Chefkoordinator auf der Insel, Frank País, ebenso wie einige anwesende Kommunisten zur Vorsicht mahnten und darauf hinwiesen, daß eine schnelle militärische Aktion wahrscheinlich scheitern würde. Auch Melba Hernández informierte Castro zu dieser Zeit dahingehend, daß die Situation in der Heimat noch nicht reif für eine erfolgversprechende Erhebung sei. Sie, wie andere Mitstreiter auch, plagte die Erinnerung an das Desaster der Moncada drei Jahre zuvor.

Am 21. Oktober 1956 erhielt Fidel die Nachricht vom Tod seines Vaters, eine Mitteilung, die seine Vorbereitun-

Gesetze verlangen. Sein Nachfolger aus eigenem Recht, Raúl, dem wir Freunde der Revolution blind folgen werden, wird unerbittlicher sein als er.

Alberto Bayo, der militärische Ausbilder von Castros Kampftruppe in Mexiko im Jahre 1960 über Raúl Castro nach dessen vehementer Forderung im mexikanischen Exil, einen aufmüpfigen Kameraden streng zu bestrafen. Zit. n. Tad Szulc

gen für eine militärische Expedition in Richtung Kuba nicht beeinträchtigt zu haben scheint. Zeitweilig hatte er mit der Idee geliebäugelt, in den USA ein Wasserflugzeug zu beschaffen, mit dem seine rund 80 Mann umfassende Truppe an Kubas Küste landen sollte. Als er gewahr wurde, daß der CIA in die Verkaufsverhandlungen einbezogen war, ließ er sie unter hohen finanziellen Verlusten sofort abbrechen. Statt dessen entschloß er sich zum Kauf der alten Motoryacht *Granma* von einem amerikanischen Ehepaar. Der nahezu schrottreife Kahn lag in Tuxpan an der Karibikküste Mexikos. Für insgesamt 25 000 Dollar erwarb er von den Amerikanern nebst dem Boot auch deren kleines Häuschen in Tuxpan, das als logistisches Zentrum für die umfangreichen Reparatur- und Vorbereitungsarbeiten seiner Truppe dienen sollte.

Noch im November, kurz vor der von Castro ins Auge gefaßten Ausreise nach Kuba, wurde er Opfer eines Ver-

30 Die *Granma*. Die Person im Vordergrund ist unbekannt.

rats seines Leibwächters Rafael del Pino, der alle wichtigen Informationen über das geplante Unternehmen an die mexikanische Polizei weitergegeben hatte. Da Castro jedoch den Informationsfluß zwischen seinen Leuten durch ein Zellensystem und strikte Geheimhaltung strenger Kontrolle unterworfen hatte, gelangten die meisten seiner Mitstreiter unbehelligt zum vereinbarten Treffpunkt Tuxpan.

Castro verfaßte noch ein Testament, in dem er seinen Sohn der Obhut einer befreundeten Familie in Mexico-City anvertraute – dann versammelte er die Seinen in Tuxpan bei strömendem Regen. Der Chef von M–26–7 mutete nunmehr der altersschwachen, nur für acht Passagiere ausgelegten *Granma* den Transport von insgesamt 82 Personen sowie Verpflegung, Waffen und Munition zu. 19 von ihnen waren Moncadistas, alle zuammen sangen sie leise und eher kleinlaut die kubanische Nationalhymne, als ihr unbeleuchtetes Schiff in regenschwarzer Nacht vom 24. auf den 25. November 1956 den Rio Tuxpan hinabglitt.

Granma, Sierra Maestra und das Ende von Batista

Technisch nur unzulänglich als »Truppentransporter« ausgerüstet, kämpfte sich die *Granma* durch eine aufgewühlte Karibische See. Viele der Kombattanten litten unter Seekrankheit, und die gedrückte Stimmung an Bord verschlechterte sich zusehends, als klar wurde, daß der Zeitplan Castros für die geplante Landung nicht einzuhalten war. Das Radio informierte sie über den vergeblichen Aufstand, den Frank País verabredungsgemäß am 30. November in Santiago de Cuba auslöste. 300 M–26–7-Kämpfer stürmten dort öffentliche Gebäude und versuchten, Häftlinge aus dem Gefängnis zu befreien. Der Sinn der Aktion bestand darin, zum angenommenen Landezeitpunkt der *Granma* Militär vom küstennahen Stützpunkt Niquero hin nach Santiago zu locken, wodurch Castro mit seinen Männern den Posten samt Waffen und Munition hätte einnehmen können.

Endlich erreichte die *Granma* am 2. Dezember die Küste, jedoch zu weit entfernt von einem vereinbarten Treffpunkt, an dem Célia Sanchez, die Tochter eines angesehenen Arztes, mit LKW und Jeeps auf das Expeditionskorps wartete. Statt dessen mußten sich die Gebrüder Castro und ihre Männer drei Kilometer südlich von Niquero nahe Belic durch ufernahe Mangrovenwälder an Land schlagen, wo-

Ich habe dir gesagt, daß du immer das Verdienst haben wirst, die Möglichkeit eines bewaffneten Kampfes mit der Unterstützung der Völker Amerikas bewiesen zu haben. Nun befindest du dich auf dem noch großartigeren Pfad, einer von den zwei oder drei Männern in Amerika zu sein, die durch einen bewaffneten Klassenkampf an die Macht gekommen sind.

Brief Che Guevaras an Fidel Castro vom 6. Januar 1958

bei sie nicht nur viele Waffen und Munition, sondern auch ein wichtiges Funkgerät an Bord zurücklassen mußten. Wohl durch abgefangene Funksprüche der Rebellen verraten, sahen sich die Insurgenten sofort nach Betreten kubanischen Bodens von Batista-Flugzeugen angegriffen. Hier drohte Castros Unternehmen bereits zu scheitern. Nur mit Mühe gelang es ihm und seiner aufgeteilten Gruppe, in die unmittelbar angrenzenden Berge der bis 2000 m hoch ansteigenden Sierra Maestra zu fliehen, in denen ihnen rund 1000 Soldaten Batistas auf den Fersen blieben. Auf barbarischen Fußmärschen und ohne ausreichend Wasser und Nahrungsmittel gelangten alle 82 am 5. Dezember zu dem kleinen Ort Alegría de Pio, wo sie plötzlich von Einheiten Batistas unter Feuer genommen wurden. Drei Tote blieben auf seiten Castros zurück, 18 gefangene Rebellen wurden gefoltert und anschließend hingerichtet, 21 verschwanden im Gefängnis. Fidel Castro gehörte zu jenen, die entkommen konnten und sich auch nicht ergaben, wie 21 andere Männer seiner Truppe es in den nächsten Tagen taten. Übereinstimmend berichten die Überlebenden dieser schwierigen Phase des Unternehmens, daß Castro seine Männer zum Durchhalten überredete, ihnen Mut machte und das sichere Gelingen ihrer Mission predigte. Weihnachten 1956 zogen schließlich insgesamt 18 Rebellen plus Fidel Castro von einer kleinen Finca aus in die höher gelegenen Regionen der Sierra. Das war der Kern der Kubanischen Revolutionsarmee, den Castro später gern auf symbolische zwölf herunterrechnete, um die Analogie zu den Jüngern Jesu augenfällig zu machen. Außer ihm selbst zählten dazu unter anderen

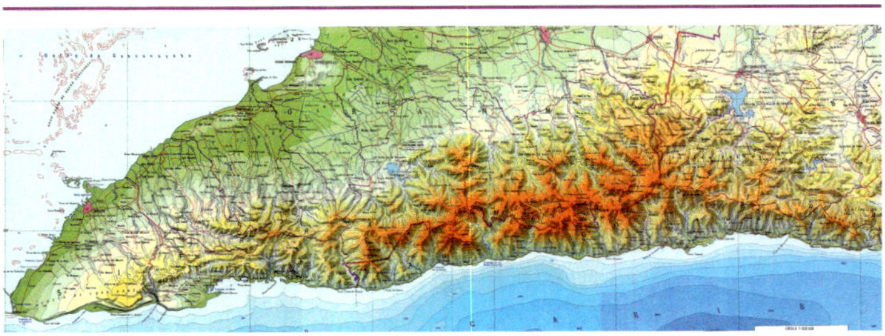

sein Bruder Raúl, Che Guevara, Juan Almeida sowie Camilo Cienfuegos.

Die Regierung Batista verbreitete die Nachricht vom Tod Castros auf der Insel, was der kleinen Rebellenschar in der Sierra eine Verschnaufpause verschaffte, die Anhänger des M–26–7 in Havanna und anderen Orten jedoch in Ratlosigkeit und Verzweiflung stürzte.

Castro begann mit dem Aufbau eines Kontaktnetzes zu den Bauern in der Umgebung und machte sich mit den Lebensumständen in den Bergen vertraut. Außerdem ließen er und einige seiner Gefährten sich die berühmten langen Bärte wachsen – *barbudos* nannte man die Männer fortab, und die Haartracht bildete ein Ehrenzeichen der Kämpfer.

Célia Sanchez entwickelte sich zur engsten Vertrauten Castros in der Sierra, vor allem seit sie ab Oktober 1957 endgültig bei ihm lebte und wohl auch ein intensives Liebesverhältnis mit ihm unterhielt.

Nach und nach sickerte im Land die Nachricht durch, daß Fidel Castro keineswegs tot sei, sondern irgendwo in der Sierra überlebt habe. Das trug zu seinem Nimbus der Unbesiegbarkeit, ja der Auserwähltheit bei und bereitete Batista ein großes Problem.

32 Célia Sanchez. Fotografie von Osvaldo Salas, 1968

◀ 31 Die Sierra Maestra im Südwesten Kubas

Seit Mitte Januar 1957 unternahmen die Rebellen erste Überfälle auf Militärposten in den Bergen, bei denen sie Waffen und Munition erbeuteten. Castro befahl eine faire Behandlung gefangener Soldaten sowie ihre ärztliche Versorgung; er duldete damals keine Mißhandlungen und Folterungen, wodurch er sich deutlich vom Vorgehen der Soldaten Batistas unterschied. Auch achtete er konsequent auf die Bezahlung der Lebensmittel, die von den Bauern erworben wurden – auch dies schuf Sympathie, die sich langfristig auszahlen sollte. Mehr und mehr sahen sich die Fidelistas in der Lage, sich in der Sierra – einem Mao-Wort folgend – wie »Fische im Wasser« zu bewegen. Dabei hatte keiner von ihnen Mao je ernsthaft studiert.

Ende Januar wäre Castros Revolution beinahe vorzeitig beendet gewesen, und nur sein sprichwörtliches Glück ließ ihn überleben: Ein Verräter hatte sich mit geladener Pistole mit Castro in einen Schlafsack gelegt, um ihn zu erschießen, hatte dann jedoch den Mut zur Tat verloren. Wenig später wurde der Mann enttarnt und hingerichtet.

Auf Einladung Castros erschien Mitte Februar der Lateinamerika-Experte der ›New York Times‹ (NYT), Herbert

33 Fidel Castro mit einigen seiner engsten Vertrauten in den Wäldern der Sierra Maestra. Links im Hintergrund Che Guevara, kniend vorn im Bild Raúl Castro

L. Matthews, im Lager der Sierra. Das Interview mit Castro und die Berichte in der Zeitung von Ende Februar haben Mediengeschichte geschrieben. Nicht nur, daß Castro seinen sensationshungrigen Gast dadurch foppte, daß er seine eigentlich überschaubare Truppe unbemerkt mehrmals vor Matthews paradieren ließ und dadurch den Eindruck militärischer Stärke erweckte, sondern vor allem die Tatsache, daß die führende Zeitung der Vereinigten Staaten Fidel Castro zu internationalem Ruhm verhalf, gilt als Markstein auf dem Weg der Kubanischen Revolution. Batista bestritt die Authentizität der Berichte, sah sich jedoch blamiert, als die Zeitung sogar ein Foto abdruckte, das Matthews zusammen mit Castro zeigte. Nicht nur lebte der Feind ganz offensichtlich, er sonnte sich sogar im Glanz der renommierten ›New York Times‹. Spätestens von nun an setzten sich auch bürgerliche Kreise Havannas sachte von Batista ab und statteten Castro in den Bergen mit Geldbeträgen aus, um sich für eine Zeit »nach Batista« rückzuversichern.

Doch für die Fidelistas gab es noch eine Fülle von Schwierigkeiten zu überwinden. Eine bestand darin – und dies war speziell ein Problem des Einzelgängers und Machtmenschen Fidel Castro –, die Herrschaft über die verschiedenen Oppositionsgruppen zu gewinnen. Ferner: Wie konnte man den latenten Gegensatz zwischen den Anhängern des M–26–7 »unten«, in Stadt und Land, vor allem aber in Havanna, einerseits und dem M–26–7 in der Sierra Maestra andererseits austarieren? Viele Kämpfer außerhalb der Sierra führten ein besonders riskantes Leben, wenn sie Streiks organisierten oder aber Bombenattentate durch-

Was Fidel Castro von Che und Raúl unterschied, war sein spektakuläres Gefühl für den richtigen Zeitpunkt. Seine Stellvertreter neigten dazu, die Bedeutung von Taktik und opportunem Zeitpunkt zu unterschätzen; für Fidel waren dies entscheidende Faktoren.

Jorge G. Castaneda, ›Che Guevara‹, Frankfurt/M. 1998, 159

führten. Sie leiteten daraus einen nicht ganz unberechtigten Anspruch auf Mitsprache ab.

Am 13. März startete der studentische Directorio Revolucionario einen Angriff auf den Präsidentenpalast. Abweichend von Castros Strategie, die militärischen Aktionen mit Massenaufständen zu verbinden, zielte die Attacke unmittelbar auf die Eliminierung der Regierungsspitze. Sie hätte beinahe Erfolg gehabt und damit den M–26–7 in arge Verlegenheit gebracht, doch ihr Anführer Echeverria, mit dem Castro in Mexiko Absprachen getroffen hatte, starb, wie andere Angreifer auch, im Kugelhagel der Polizisten Batistas. Von der anschließenden brutalen Vergeltungsaktion des Diktators profitierte dann wieder Castro, der auf die Unmenschlichkeit des Regimes verweisen konnte. Seit Februar stand seinen Leuten zu Propagandazwekken ein Sender mit dem Namen Radio Rebelde (»Rebellenradio«) zur Verfügung. Am 24. jenes Monats eröffnete er sein Programm mit der Ankündigung: »*Aquí Radio Rebelde transmitiendo desde la Sierra Maestra en Territorio Libre de Cuba*!« (»Hier ist Radio Rebelde, das aus der Sierra Maestra im Befreiten Territorium Kubas sendet!«)

Batista suchte zeitweilig sein Heil in Umsiedlungen von Bauern im Gebiet der Sierra Maestra – Maßnahmen, die er mit durchsichtigen Sozialprogrammen für die Betroffenen begleitete. Als der Zwangscharakter der Aktion im Lande immer stärker kritisiert wurde, brach die Regierung die Aktion wieder ab. Viele Bauern hatten sich ohnehin bereits den Fidelistas verschrieben.

Zu dieser Zeit erörterte auch die amerikanische Regierung ihre Haltung zum Batista-Regime, dessen unsichere

Der Pico Turquino wurde von der ganzen Kolonne erstiegen, und da oben beendete Bob Taber sein Interview mit den Vertretern der Bewegung. Er stellte auch einen Film zusammen, der in den Vereinigten Staaten im Fernsehen lief,

Zukunft ihr nicht verborgen bleiben konnte. William Wieland, Kuba-Experte und Diplomat des State Department, entwich gegenüber einem Journalisten die vielsagende und von ihm später bereute Bemerkung: »Ich weiß, daß viele Batista für einen Hurensohn halten …, aber amerikanische Interessen haben Vorrang … Zumindest ist er unser Hurensohn. Er läßt sich nicht mit den Kommunisten ein … Fidel Castro dagegen ist von Roten umgeben. Ich weiß nicht, ob er selbst Kommunist ist … (Aber) ich bin sicher, daß er kommunistisch beeinflußt ist.« Später erläuterte Wieland, daß Castro damals, Anfang 1957, für die USA »noch eine kleine Figur im Osten« gewesen sei, man habe den Kubanern die Art der Regierung nicht vorschreiben wollen.

Die »kleine Figur« fuhr indessen fort, amerikanische Medien für ihre Sache einzuspannen. Hoch oben auf der Spitze des knapp 2000 m aufragenden Pico Turquino, Kubas höchstem Berg, gewährte sie CBS-Reportern ein Interview – natürlich mit der dort errichteten Statue José Martís im Hintergrund. Castro verurteilte dabei den Angriff des Directorios auf den Regierungspalast unter strategischen Gesichtspunkten, wohl wissend, daß er mindestens so erfolgversprechend angelegt war wie sein eigener selbstmörderischer Moncada-Überfall von 1953.

Castro durchstreifte damals häufig die Berge der Sierra, in der Hand stets sein Gewehr mit Zielfernrohr, von dem er sich nur selten trennte. Weitere Waffen hatten drei US-Amerikaner aus dem amerikanischen Stützpunkt Guantánamo herangeschafft, die sich vorübergehend aus Idealismus den Fidelistas anschlossen.

---

als man noch keine so große Angst vor uns hatte. (Eine bezeichnende Tatsache: Ein Bauer, der sich uns anschloß, erklärte, daß Casillas ihm dreihundert Pesos und eine tragende Kuh versprochen hatte, wenn er Fidel tötete.) Es waren nicht allein die Nordamerikaner, die sich im Preis für den Kopf unseres höchsten Führers täuschten.

Ernesto Che Guevara, ›Cubanisches Tagebuch‹

Die inzwischen drei Kompanien starke »Armee« Castros verübte am 28. Mai 1957 einen erfolgreichen Überfall auf den Militärposten El Uvero, bei dem sie zwar sieben Rebellen verlor, zugleich aber 14 Gegner gefangennahm. Daß Castro sie umgehend wieder freiließ, trug ihm unter den Soldaten Batistas nicht geringe Sympathie ein und schadete dem Regime in Havanna. Und ein weiteres Novum verschaffte ihm Respekt: Anders als in der Regierungsarmee üblich, ließ er in seiner Truppe Gottesdienste abhalten.

Die fortwährenden militärischen Erfolge des M–26–7 in den Bergen führten dazu, die latente Konkurrenz zu der Bewegung außerhalb der Sierra anzufachen. Frank País als ihr führender Kopf sandte Castro am 7. Juli einen Brief, in dem er vorschlug, nicht nur ein dreizehnköpfiges Direktorium der Gesamtbewegung zu schaffen – in ihm sollte die Guerilla der Berge aber nur schwach vertreten sein –, sondern der kubanischen Gesellschaft auch ein Aktionsprogramm vorzulegen. Castro wies das Ansinnen äußerlich ungerührt zurück, ihm ging es zunächst um die Erringung der Macht, ideologische und programmatische Fragen interessierten ihn nicht sonderlich, oder aber er schob sie auf die lange Bank, nicht zuletzt, weil er eine frühzeitige Festlegung auf bestimmte Positionen scheute. Sie trüge im Zweifelsfall nur dazu bei, Teile der bunten Batista-Opposition zu verprellen.

Insbesondere ließ er sich nicht zu Äußerungen hinreißen, die Sympathien für die Kommunisten hätten erkennen lassen, obwohl er in der Sierra mit Sicherheit unter dem Einfluß seines marxistisch orientierten Bruders Raúl sowie Che Guevaras stand, der klare marxistische Nei-

---

Wegen meines ideologischen Hintergrundes gehöre ich zu jener Gruppe, die glaubt, daß die Lösung für die Probleme der Welt hinter dem Eisernen Vorhang liegt, und ich verstehe diese Bewegung als eine der vielen, die durch gungen hatte. Auch durch den Umstand, daß Frank País am 30. Juli in den Straßen von Santiago de Cuba von Polizisten Batistas erschossen wurde, entging Fidel Castro einer Debatte um die Ausformulierung eines Aktionsprogramms sowie einer Machtteilung in einem Direktorium.

Strategie und Taktik bestimmten das berühmte ›Manifest der Sierra‹ vom 12. Juli 1957. Es war das Ergebnis von Diskussionen zwischen Castro, dem Ortodoxo-Führer Raúl Chibas sowie dem angesehenen Ökonomen Felipe Pazos. Chibas und Pazos hatten sich auf den Weg in die Berge gemacht, um mit dem immer stärker werdenden Führer des M–26–7 die Möglichkeiten für ein breites Anti-Batista-Bündnis auszuloten. Der »Pakt der Sierra« spiegelte mithin das Bemühen der Beteiligten um einen programmatischen Kompromiß. Veröffentlicht in ›Bohemia‹, rief das Manifest die Kubaner dazu auf, eine revolutionäre Front gegen das Gewaltregime Batistas zu bilden, das jedoch nicht bloß von einer Militärjunta abzulösen sei. Freie Wahlen und eine demokratische Regierung auf der Grundlage der suspendierten Verfassung von 1940 wurden ebenso gefordert wie Pressefreiheit und freie Wahlen in den Gewerkschaften. Das Papier vermied Attacken auf die USA, wenn es auch gleichzeitig forderte, amerikanische Waffenlieferungen an die Regierung müßten für die Dauer der Kampfhandlungen eingestellt werden. Castro selbst zeichnete für die wirtschaftlichen Programmpunkte der Erklärung verantwortlich, die zwar eine Agrarreform und die Verteilung ungenutzten Bodens an die Landlosen forderten, zugleich aber keinerlei Hinweis auf kommende Nationalisierung öffentlicher Einrichtungen, der Industrie

den Wunsch der Bourgeoisie provoziert wurde, sich von den ökonomischen Ketten des Imperialismus zu befreien. Ich werde an Fidel immer als einen authentischen linken Bourgeois-Führer denken, obwohl seine Figur durch persönliche Qualitäten außerordentlicher Brillanz charakterisiert ist, die ihn weit über seine Klasse hinaushebt.

Brief Che Guevaras an René Ramos Latour aus der Sierra, 14. Dezember 1957 oder Agrarflächen enthielten. Kleine Landbesetzer sollten zwar das von ihnen bewirtschaftete Land zu Besitz erhalten, die Eigentümer jedoch entschädigt werden.

Insgesamt war diese Erklärung nach Inhalt und Ton durchaus gemäßigt, manche Beobachter hielten sie sogar für moderater als bestimmte Passagen der Schrift ›La Historia me absolvera‹ aus der Zeit der Moncada. Mit großer Wahrscheinlichkeit atmete sie den taktischen Geist in dem Streben Castros, für möglichst breite Schichten der kubanischen Bevölkerung akzeptabel zu sein und die USA mit ihrer latenten Interventionsmöglichkeit auf Kuba nicht durch allzu revolutionäre Formulierungen zu reizen. Immerhin lagen mit der Suez-Krise und dem Ungarn-Aufstand des Jahres 1956 zwei kritische Etappen des Kalten Krieges kaum ein Jahr zurück. Und hatte nicht José Martí formuliert: »Es gibt Dinge, die man verbergen muß, will man sie erreichen … Ihre Nennung würde Probleme schaffen und es schwerer machen, zum erstrebten Ziel zu gelangen.«

Nach einer gescheiterten Revolte von Militärs gegen die Regierungsspitze im Spätsommer 1957 griff Batista erneut zum Mittel der brutalen Gegenwehr – auch jetzt war die Wirkung kontraproduktiv und spielte Castros Bewegung in die Hände. Batistas Regime agierte zunehmend hilflos, und seine Tage neigten sich ganz offensichtlich dem Ende zu. Mitte Oktober bildete sich in Miami eine »Junta Libera-

Oltuski: Man sollte das gesamte brachliegende Land den *guajiros* (Bauern) geben und die *latifundistas* kräftig besteuern, um ihnen ihre Ländereien mit ihrem eigenen Geld abzukaufen. Dann würde das Land an die *guajiros* verkauft werden. Zu dem Preis, den es wert ist. Und man würde ihnen Zahlungserleichterungen und Kredite zugestehen, damit sie produzieren können.
Che: Was für eine reaktionäre Idee! Wie sollen wir dem, der den Boden bestellt, Geld dafür abnehmen? Du bist wie alle Leute in der Ebene.
Oltuski: Verflucht, was willst du denn? Willst du es ihnen schenken? Damit sie es verkommen lassen, wie in Mexiko? Der Mensch muß spüren, daß das, was er besitzt, ihn Mühen gekostet hat.

ción« (JL), die aus sieben Oppositionsgruppen bestand und die vor allem ein Werkzeug von Ex-Präsident Prio Socarras bildete, mit dessen Hilfe er die Macht zurückzuerobern trachtete. Seinerseits eifrig um die Führerschaft der Batista-Opposition bemüht, verurteilte Castro die JL, die in der Folgezeit rasch wieder zerfiel.

Gegen Jahresende 1957 hatte sich die Rebellentruppe der *fidelistas* auch in den Vorbergen der Sierra eingerichtet. Auf der Basis fester Stellungen, die mit Lazaretts, Waffenlagern, Werkstätten, Schulungsräumen und Gefängnissen ausgestattet waren, setzten sie die militärische Auseinandersetzung mit den allmählich demoralisierten Einheiten Batistas fort. Um die Jahreswende 1957/1958 trat eine längere Kampfpause ein, die dann durch die Eroberung des Militärpostens Pino del Agua am 16. Februar 1958 beendet wurde. Dieser Erfolg Castros eröffnete zugleich die Endphase des Krieges, von nun an lag die militärische Initiative nicht mehr bei den Einheiten Batistas.

Auf Betreiben Faustino Pérez' vom städtischen Flügel des M–26–7 und gegen die Überzeugung Castros riefen die Rebellen für den 9. April 1958 zu einem Generalstreik auf Kuba auf. Zugleich erklärten sie den parteilosen Richter Manuel Urrutia Lleó zum Präsidenten der künftigen provisorischen Regierung, sollte die Diktatur stürzen. Auch das war ein taktischer Schachzug Castros: Er selbst hatte zu diesem Zeitpunkt noch keine Ambitionen auf die

Che (schreiend, mit geschwollenen Halsadern): Scheiße, sieh mal an, was du für einer bist!
Oltuski: Außerdem muß man die Dinge tarnen. Glaube nicht, daß die Amerikaner tatenlos zusehen werden, wenn wir alles so offen tun. Wir müssen klug vorgehen.
Che (schneidend): Also gehörst du zu denen, die glauben, wir könnten hinter dem Rücken der Amerikaner Revolution machen. Was bist du doch für ein Scheißkerl! Die Revolution muß von Anfang an ein Kampf auf Leben und Tod gegen den Imperialismus sein. Eine echte Revolution darf sich nicht tarnen.

Aus der Korrespondenz zwischen Che Guevara und dem M–26–7-Kämpfer in Havanna, Enrique Oltuski über die geplante Bodenreform

entscheidende politische Macht im Lande, abgesehen davon, daß er das nach der Verfassung notwendige Alter von 40 Jahren für die Ausübung des Präsidentenamtes noch nicht erreicht hatte. Urrutia galt als integre, aber eher schwache, den Rebellen und ihm vermutlich gefügige Persönlichkeit, die sich fortab in Miami für die Amtsübernahme bereithielt.

Der Generalstreik erwies sich als herber Fehlschlag, die Kubaner gingen ihrer Arbeit nach. Einerseits funktionierte die Kooperation zwischen den Kommunisten und den Anhängern des M–26–7 in Havanna nur unzulänglich, und dies nicht zuletzt auf Grund wechselseitiger Animosität. Andererseits erwies sich das Regime noch einmal stärker als angenommen. Zweifellos bedeutete dieses Fiasko einen Rückschlag für die Rebellen, es stärkte aber zugleich die Position Fidel Castros und des Sierra-Flügels gegenüber der Bewegung »unten« in Havanna sowie auf dem Land. Nach einem Treffen von M–26–7-Vertretern in Alto de Mompie sahen sich Faustino Pérez und einige seiner Anhänger entmachtet, Castro hingegen mit dem Titel »Oberkommandierender aller bewaffneten Kräfte des M–26–7« (oder: *Comandante en jefe* bzw. *Comandante*) sowie »Generalsekretär des Nationalen Direktoriums« ausgestattet. Künftig würde er allein die Richtung des Kampfes vorgeben – in der Sierra, in der Stadt und auf dem Land.

Mit der »Operación verano« reagierte Batista noch einmal militärisch auf den fehlgeschlagenen Generalstreik. Knapp 70 Tage dauerte seine Offensive gegen die Sierra, die vor allem viele Todesopfer unter der Zivilbevölke-

---

Fidel Castros jüngerer Bruder und heutiger Verteidigungsminister **Raúl Castro** galt jahrelang als starker Mann Kubas hinter dem *máximo lider*. Ihm fehlt jedoch dessen Charisma und er ist allgemein eher unbeliebt, was ihn kaum für eine mögliche Nachfolge Fidel Castros qualifiziert. Er steht im Ruf, mit Kritikern brutal umzugehen, dazu kontrastiert sein Image als Familienmensch – ganz anders als Fidel Castro. Raúl Castro ist mit der Guerillakämpferin Vilma Espin verheiratet, der einflußreichen Begründerin des Frauenverbandes.

rung forderte. Die USA deuteten ihre Mißbilligung dieser Tötungen an, indem sie ein Embargo für Flugzeuglieferungen gegen die Armee Batistas verhängten.

Es könnte sein, daß die gleichwohl US-gestützte »Operación verano« mit ihren Massakern einen klärenden Wendepunkt in Fidel Castros Haltung gegenüber den Vereinigten Staaten provozierte. In einem knappen, handschriftlich verfaßten Brief an Célia Sanchez, seine engste Vertraute, schrieb er: »Als ich sah, wie die Raketen ... auf Marios Haus abgefeuert wurden, schwor ich mir, daß die Amerikaner für das, was sie da tun, teuer bezahlen sollen. Wenn dieser Kampf vorbei ist, wird für mich ein viel weitreichender, größerer Krieg beginnen: der Krieg nämlich, den ich gegen sie führen werde. Es ist mir klar geworden, daß dies meine wahre Bestimmung ist.«

Um Washington zur Einstellung der Waffenhilfe für Batista zu zwingen, griff Castros Bruder Raúl zu einer drastischen Maßnahme: Mit seiner Kampftruppe entführte er eine Gruppe von US-Amerikanern sowie zwei Kanadier und stellte entsprechende Forderungen. Fidel mißbilligte diese Aktion, weil sie das Ansehen des M–26–7 in den USA beschädigen mußte. Die Gefangenen kamen schließlich wieder in Freiheit, die Regierung in Havanna verzichtete im Gegenzug für drei Wochen auf Luftangriffe gegen die Rebellen.

Angesichts zahlreicher Überläufer zur Rebellenarmee, einer miserablen Truppenmoral und einsetzender schwerer Regenfälle blieb die Offensive Batistas Anfang August buchstäblich stecken. Damit öffnete sich für Castro der Weg zum entscheidenden militärischen Vorstoß. Historisch

Raúl Castro lernte das sozialistische Osteuropa aus eigener Anschauung weit früher kennen als sein Bruder Fidel; er hat seine deutlich marxistisch-leninistische Orientierung auch nie zu verbergen versucht.

denkender Kopf, der er war, konzipierte er seinen letzten Kriegsplan in enger Anlehnung an das Vorgehen der kubanischen Führung während des Unabhängigkeitskrieges von 1895. Das bedeutete: Er selbst würde im Oriente bleiben und Santiago einnehmen, Cienfuegos sollte mit seiner Truppe Pinar del Rio und den ganzen Westteil Kubas erobern, und Che Guevara mit seinen knapp 150 Mann käme die wichtige Aufgabe zu, die Provinz Las Villas mit dem Escambray-Gebirge in seine Gewalt zu bringen, um so alle Verbindungen zwischen dem Osten und Westen auf der Insel zu kappen und sie zweizuteilen. Das Land wäre dann in Rebellenhand, die Städte, vor allem Havanna, isoliert.

Che Guevara hatte im Escambray mit der Konkurrenz zweier eigenständiger Rebellengruppen zu rechnen, die sich dort nach dem fehlgeschlagenen Angriff auf den Präsidentenpalast des Directorio Revolucionario festgesetzt hatten. Zunächst jedoch trafen weder er noch Cienfuegos bei ihrem Vormarsch auf nennenswerten Widerstand, zu schaffen machten ihnen jedoch Transportprobleme und widrige Wetterverhältnisse. Anfang Oktober 1958 erreichten Ches und Cienfuegos' Einheiten Las Villas. Es gelang ihnen nicht, die rivalisierenden Gruppen im Escambray unter ihre Kontrolle zu bringen, weshalb Castro Cienfuegos befahl, erst einmal dort zu bleiben und nicht weiter auf Pinar del Rio zuzumarschieren.

Der *Comandante en jefe* selbst wartete zunächst in den Bergen der Sierra, wo er in politischen und organisatorischen Fragen zunehmend von dem erfahrenen Funktionär Carlos Rafael Rodríguez unterstützt wurde.

34 Auf seinem Vormarsch ▶ auf Santa Clara bringt Che Guevara einen Zug zum Entgleisen

Seit dem Sommer 1958 war Castro Chef einer Einheitsfront aller Anti-Batista-Gruppen – außer den Kommunisten. Per Funkkontakt aus der Sierra heraus hatte er es vermocht, ein Treffen dieser Gruppen in der venezolanischen Hauptstadt Caracas in seinem Sinne zu steuern und letztlich hinter sich zu bringen. Immer noch zögerte Castro mit deutlichen pro-kommunistischen Äußerungen, ja eine Episode um einen Brief seines Bruders an Che Guevara, dessen angeblich pro-marxistische Einlassungen der Batista-Regierung bekannt geworden und von ihr weidlich propagandistisch ausgeschlachtet worden waren, brachten Castro in äußerste Rage und nahe daran, seinen Bruder eigenhändig umzubringen. Célia Sanchez beruhigte ihn noch einmal – der Vorfall bestätigt die Meinung von Fidel-Castro-Kennern, daß ein bei ihm in Ungnade Gefallener sich besser 24 Stunden nicht in seiner Nähe blicken lassen sollte.

Vielleicht schreibt man Fidel Castro zuviel machiavellistische Begabung zu, wenn man vermutet, er habe sich die Auseinandersetzung mit den Kommunisten Kubas bis zuletzt aufgespart. Sein Kalkül indes, diese müßten sich ihm ohnehin beugen, da ihnen – im Gegensatz zu allen anderen politischen Gruppen der kubanischen Gesellschaft – der Fluchtpunkt des US-amerikanischen Exils versperrt war, entbehrte nicht der Logik.

Militärisch stand Kuba seit Ende Oktober 1958 im Zeichen einer großangelegten Offensive der Rebellen, in deren Verlauf ein Militärposten Batistas nach dem anderen fiel. Die Einheit Ches schloß Ende Dezember die Viertelmillion-Metropole Santa Clara in der geographischen Mitte der Insel ein, Fidel Castro gelang am 30. November die Eroberung der Stadt Guisa außerhalb der Sierra. Mit dem Oberbefehlshaber der Armee Batistas im Oriente, General Eulogio Cantillo, sprach Fidel für den 31. Dezember einen Putsch ab. Cantillo verriet diesen Plan jedoch an Batista, eine Erfahrung, die vielleicht das teilweise brutale Vorgehen der M–26–7-Führung gegen Ex-Batistianos im weiteren Verlauf der Revolution mit geprägt hat.

Im Dezember entsandte der amerikanische Außenminister John F. Dulles einen Emissär nach Havanna, um Batista zur Aufgabe zu überreden. Jedoch erst nach dem Fall von Santa Clara und auf Druck seitens seiner Militärs, Vertretern der Kirche und der Wirtschaft entschloß sich der Diktator am frühen Neujahrsmorgen des Jahres 1959 zur Flucht in die benachbarte Dominikanische Republik. Nicht eigentlich besiegt, hatte sich seine Militärmacht einfach aufgelöst.

---

35 Portrait von Castros Kampfgefährten Camilo Cienfuego auf der Zwanzig-Peso-Banknote ▶

»Patria o muerte« – »Vaterland oder Tod«

In der Nacht vom 1. zum 2. Januar nahmen die Rebellen die Hauptstadt ein. Che Guevara brachte die Festung La Cabana unter seine Kontrolle, und Camilo Cienfuegos besetzte mit rund 700 Mann den Stützpunkt Campamento Columbia. Im Präsidentenpalast hielt sich noch eine bewaffnete Gruppe des rivalisierenden Directorio Revolucionario, die sich dem M–26–7 zunächst nicht unterzuordnen gedachte.

Fidel Castro hatte etwa zur gleichen Zeit die Übergabe der Stadt Santiago erzwungen und seinen militärischen Sieg durch die Ausrufung eines Generalstreiks abgesichert. In einer flammenden Rede vor einer unübersehbaren Menschenmenge erklärte er Santiago zu einem »Bollwerk der Freiheit« sowie zur einstweiligen Hauptstadt Kubas. Das Volk, so rief er aus, habe Richter Urrutia zum provisorischen Präsidenten gewählt.

Kubaexperten sind sich nicht einig, ob Castro in dieser Situation unsicher und unschlüssig dem weiteren Verlauf der Ereignisse gegenüberstand, oder aber ob er die nächsten Schritte seiner Herrschaftssicherung souverän voll-

zog. Eng verbunden mit dieser ist auch die immer wieder erörterte Frage, ob er bereits als längst überzeugter Marxist die Macht übernahm oder nach und nach unter dem Druck innerer und äußerer Faktoren sein Land in Richtung Sozialismus steuerte.

Sein fünf Tage dauernder »Marsch auf Havanna« von Santiago quer über die Insel läßt eigentlich wenig Raum für die Vermutung, er sei zaudernd auf die traditionelle Hauptstadt zugegangen. Im Gegenteil: Alle Augenzeugen berichten von einer eindrucksvollen Dramaturgie, die Castro während seiner langsamen Fahrt auf einem Panzer konsequent als Herrn der Lage präsentierte. Immer wieder hielt er in Dörfern und Städten an, um die Hände begeisterter Landsleute zu schütteln. Nicht wenige erblickten in ihm einen neuen Jesus und trugen mit entsprechenden Äußerungen zur Vergottung des Comandante bei. Lässig fand er unterwegs Zeit, über eine umstrittene Schiedsrichterentscheidung im amerikanischen Baseball zu diskutieren, gerührt schloß er kurz vor den Toren Havannas seinen nun neunjährigen Sohn Fidelito in die Arme, den er hier erstmals seit den mexikanischen Tagen wiedersah. Mirta würde sich alsbald in zweiter Ehe nach Spanien absetzen und Castros Freundin Naty Revuelta die Sorge für die schulische Laufbahn des Kleinen in einer öffentlichen Schule der Stadt überlassen.

Der Einzug Castros in die Hauptstadt Kubas am 8. Januar 1959 ist oft als Apotheose beschrieben worden. Es war der Triumphzug eines Revolutionärs, der in Latein-

> Seine Hingabe an das Wort hat fast magische Züge. Zu Beginn der Revolution, knapp eine Woche nach dem triumphalen Einzug in Havanna, sprach er sieben Stunden lang ohne Pause im Fernsehen. Das dürfte ein Weltrekord sein. Die *havaneros,* noch nicht vertraut mit der hypnotischen Macht dieser Stimme, hatten sich hingesetzt, um wie üblich zuzuhören, doch nach den ersten Stunden nahmen sie ihre Alltagsarbeit wieder auf, ein Ohr bei ihren Angelegenheiten, das andere bei der Rede.
>
> *Gabriel García Márquez, »Mein Freund Castro«, in: ›Die Zeit Magazin‹, 25. Juli 1997*

amerika seinesgleichen suchte. Glockengeläut, Fabrik- und Schiffssirenen begleiteten den *Comandante* bei der Einfahrt auf dem Panzer, immer das Gewehr in der Hand und die kleine Jungfrau der Barmherzigkeit von El Cobre in Gold um den Hals.

Am selben Tag hielt er im Campamento Columbia vor dem Volk eine seiner eindrucksvollsten Reden. Zehntausende wurden Zeugen seines Rhetorikstils, der völlig neue und die Massen geradezu hypnotisierende Elemente enthielt. Zentral waren darin Sprachfiguren, mit denen sich der Redner bei der Zuhörerschaft einzuschmeicheln versuchte und in Form dialogischer Versatzstücke mit ihr das Gespräch zu suchen schien. Unter Hinweis auf die immer noch bewaffneten Mitglieder des konkurrierenden Directorio Revolucionario – sie sollten sich wenig später in die Reihen des M–26–7 eingliedern – rief er etwa der Menge zu: »Warum werden jetzt Waffen geschmuggelt? Wofür? ... Waffen wofür? Um gegen wen zu kämpfen? Gegen die revolutionäre Regierung, welche die Unterstützung des ganzen Volkes hat?« Antwort aus der Menge: »*No!*« Und er fuhr fort: »Ich glaube, heute ist ganz Havanna hier. Die riesige Menge, die sich versam-

36 Wenige Tage nach der Einnahme Havannas: einige Männer aus der Truppe der Sieger; im Zentrum kniend Fidel Castro

melt hat, diese erstaunliche Masse von Menschen wird auf Fotografien zu sehen sein. Ich glaube, daß das Volk zuviel getan hat, denn dies ist mehr, als wir verdienen. Ich glaube, daß wir nie wieder eine solche Menschenmenge erleben werden. Dabei bin ich sicher, daß sich wieder eine solche versammeln wird, wenn wir zu Grabe getragen werden; wir wollen uns eine solche Menschenmenge verdienen, denn wir werden unser Volk nie betrügen.« Geradezu sakrale Weihen erhielt dieser Auftritt Castros, als sich gegen Ende seiner Rede zwei weiße Tauben auf seinen Schultern niederließen. In den kubanischen Mythen symbolisiert die Taube das Leben.

Castro, der bereits ehrfurchtsvoll als *máximo lider* (»größter Führer«) tituliert wurde, leistete in Zukunft einen nicht unwesentlichen Teil seiner Überzeugungsarbeit durch Reden, Reden und nochmals Reden. Man kann wohl sagen, daß er vor allem in der Frühphase seit der Machtübernahme Zweifler und Gegner buchstäblich an die Wand geredet hat. Dabei machte er als erster Revolutionär der Weltgeschichte souveränen Gebrauch von dem neuen Massenmedium Fernsehen. Mehrstündige Ansprachen ohne Manuskript waren keine Seltenheit. Sie mochten wohl von Redundanzen strotzen, doch tat dies ihrer Wirkung keinen Abbruch.

Castro repräsentierte fortab für die Masse der Kubaner – und nicht mehr nur für eine begrenzte Anhängerschaft während der Kampfzeit – den iberischen Herrschertypus des *caudillo*, oder, in der Begrifflichkeit Max Webers, des charismatischen Führers. Dessen Herrschaftsstil hatte der amerikanische Soziologe Reinhard Bendix in Anlehnung an Weber wie folgt umrissen: »Da charismatische Führung

---

Und jetzt können wir sagen: Du hast Schieberei bekämpft, Eduardo Chibas, und jetzt gibt es keine Schieberei mehr. Du hast gegen Hinterzimmerpolitik gekämpft, jetzt gibt es sie nicht mehr.

Du hast gegen Korruption im Staat gekämpft, sie gibt es nicht länger. Du hast gegen Gewalt gekämpft, und nun wird Gewalt nicht mehr gebraucht. Du hast die Abzockerei bekämpft, nun gibt es keine mehr. Du hast die Kriminalität bekämpft, und Kriminalität ist nicht mehr da, Chibas. Du hast Batista bekämpft, und zumeist in Notsituationen auftritt, wird sie mit Kollektivbegeisterung in Verbindung gebracht, durch welche die Massen auf außerordentliche Erfahrung reagieren und kraft deren sie sich selbst dem heroischen Führer unterwerfen … Der charismatische Herrscher ist immer ein Radikaler, der die etablierte Praxis dadurch herausfordert, daß er ›zur Wurzel des Problems vordringt‹. Er beherrscht die Menschen mit Fähigkeiten, die anderen unzugänglich und unvereinbar mit Regeln des Denkens und Handelns des alltäglichen Lebens sind. Die Menschen unterwerfen sich einem solchen Führer, weil sie getragen sind von dem Glauben an die Taten, die ihn als echt erweisen. Sie wenden sich von den eingefahrenen Regeln ab und geben sich der beispiellosen Ordnung hin, die der Führer verkündet.« Es dürfte wohl kaum eine wissenschaftlich begründete Charakterisierung Fidel Castros Herrschaft über Kuba und die Kubaner geben, die ihr Wesen so trifft, wie diese.

Castro und seine Rebellenarmee übernahmen Anfang 1959 ein Land, dessen Ökonomie im Vergleich zu den Volkswirtschaften der meisten anderen Länder Lateinamerikas respektabel dastand, jedenfalls konnte keine Rede von verbreitetem Hunger und Massenelend sein. Allerdings war der bescheidene Wohlstand – Fernsehgeräte gab es pro Haushalt so viele wie nirgendwo sonst in Südamerika – sehr ungleichmäßig verteilt und insbesondere unter den nur saisonal beschäftigten Zuckerrohrarbeitern herrschte Armut. Hier mußte die Revolution ansetzen, hier lag die größte Chance, ihr eine Massenbasis zu verschaffen, die sie bislang nicht besaß – das kubanische Volk hatte, Fidel Castros vollmundigen Schmeicheleien zum Trotz,

Batista ist nicht mehr da. Chibas, zum ersten Mal seit deinem Tod ist dein Volk wieder glücklich … Kameraden in der Partei, die du gegründet hast, fielen, zusammen mit Männern aller Parteien, denn dein Ziel, deine Ideale hörten auf, das Ziel einer Partei zu sein, um das Ziel, die Ideale und die Ideologie des ganzen Volkes zu werden … Eduardo Chibas, dein letzter Stoß hat endlich sein Echo gefunden!

Castro-Rede am Grab von Eduardo Chibas, Havanna, 17. Januar 1959

die Umwälzung selbst nicht in Gang gesetzt. Hier lag aber auch das wohl schwerwiegendste Defizit der Rebellen: In ihren Reihen hatte man kaum eine Ahnung, wie die leidlich funktionierende kubanische Wirtschaft geleitet, geschweige denn umgekrempelt und dem Wohle der breiten Mehrheit der Bevölkerung dienstbar gemacht werden konnte. Castro selbst hat später darauf hingewiesen, daß insbesondere wirtschaftlicher Sachverstand unter den Revolutionären ein rares Gut war. In den ersten Wochen der Machtübernahme hinderte ihn das andererseits jedoch nicht, ohne falsche Bescheidenheit zu verkünden, der für Kuba lebensnotwendige Zuckerexport könne ja notfalls auch auf den Mond erfolgen, oder aber die Kubaner würden ihren Zucker zur Not selber aufessen.

Tad Szulc, amerikanischer Journalist und Verfasser der fundiertesten Castro-Biographie, hat darauf aufmerksam gemacht, daß Castro unmittelbar nach der Machtübernahme wohlüberlegt und effektiv daranging, Kuba über mehrere Monate sozusagen zweigleisig zu regieren, dabei den Linken nach und nach größere Macht zuschanzend und sich selbst noch mit der Funktion eines Oberkommandierenden aller Streitkräfte begnügend.

Der Öffentlichkeit, und namentlich der mißtrauischen in den USA, präsentierte er einerseits eine bürgerlich geprägte Regierung unter Präsident Urrutia, der mit José Miro Cardona ein gemäßigter Premierminister vorsaß. Allenfalls der Minister für »Revolutionäre Gesetze«, Osvaldo Dortico, konnte wegen seiner kommunistischen Vergangenheit als Linker gelten. Hingegen repräsentierten international anerkannte Wirtschafts- und Finanzexperten wie

Ich sollte hinzufügen, persönlich, ich bin nicht an der Macht interessiert, noch beabsichtige ich, sie irgendwann anzustreben. Alles, was ich tun werde, ist, sicherzustellen, daß die Opfer von so vielen Landsleuten nicht umsonst gewesen sind, was immer auch die Zukunft für mich bereithalten sollte.

Castro vor den Einwohnern Santiagos am 3., 4. und 5. Januar 1959

Rufo Lopez-Fresquet und Felipe Pazos als Chef der Nationalbank ökonomischen Sachverstand. Andererseits: Hinter der Fassade der offiziellen Regierung betrieb Castro energisch den Zusammenschluß seines M–26–7 mit den alten Kommunisten mit dem Ziel, den tiefgreifenden Umbau der kubanischen Gesellschaft unter marxistischem Vorzeichen vorzubereiten. Zahllose geheime Treffen Fidels an mehreren Orten in und um Havanna mit seinem Bruder Raúl und den Marxisten Cienfuegos und Che Guevara aus seinen Reihen sowie den Altkommunisten Blas Roca, Alfredo Guevara, Carlos Rafael Rodríguez und Antonio Nuñez Jiménez bereiteten die schleichende Machtusurpation durch die Linksrevolutionäre vor. Diese an Ernst Frankels »Doppelherrschaft« zweier Machtpole zur Zeit des Nationalsozialismus in Deutschland erinnernde Herrschaftstechnik sollte in abgewandelter Weise bis heute ein Merkmal des Castrismus bleiben: Ministerien, Posten und Ämter zeichnen offiziell für scheinbare Zuständigkeiten verantwortlich, die eigentliche Macht liegt jedoch zumeist bei Fidel Castro ganz persönlich und der politischen Nomenklatura.

Doch zurück zu den revolutionären Ereignissen des Jahres 1959. Immer noch und auf nicht absehbare Zeit mußte

37 Präsident Urrutia rechts von Fidel Castro, zu seiner Linken dessen Nachfolger Osvaldo Dortico

Castro daran gelegen sein, jede Provokation der USA zu vermeiden. Ein militärisches Eingreifen der Supermacht im Norden hätte zu dieser Zeit nicht abgewehrt werden können. Noch im Herbst 1959 begannen Kommunisten und Mitglieder des M–26–7 mit der ideologischen Schulung von *fidelistas*. Ein Netz »Revolutionärer Unterweisungsschulen« wurde geschaffen, das die marxistische Ausrichtung künftiger Kader des M–26–7 gewährleisten sollte.

Doch auch nach außen hin machte Castro frühzeitig deutlich, daß er das Tempo der Umgestaltung zu steigern beabsichtigte. Am 16. Februar 1959 löste er selbst Miro Cardona als Premierminister ab und demonstrierte umgehend seinen revolutionären Impetus: Die Mieten für die ärmeren Bevölkerungsschichten kürzte er um rund 50 %, die Preise für Medikamente, Telefon und Strom wurden stark gesenkt und die Löhne für die Zuckerrohrarbeiter angehoben. Die politische Dividende dieses Maßnahmenpaketes ließ nicht lange auf sich warten. Bei den Gewerkschaftswahlen setzten sich die Castristen durch – ein nicht geringer Erfolg, denn die kubanische Gewerkschaftsführung war traditionell eng mit den herrschenden Gruppen um Batista verbunden gewesen. Der verarmten Landbevölkerung signalisierte der *máximo lider* darüber hinaus eine bessere Zukunft, indem er eine erste Agrarreform auf den Weg brachte, die den Grundbesitz auf 400 ha beschränkte. Das war zugleich auch eine Kampfansage an den Mittelstand, der sich nun in einer ersten Auswande-

Alfredo Nuñez Pascual: Nun gut, Doktor, ich würde jetzt von diesem konterrevolutionären Thema zu einem anderen übergehen, welches den Besuch der Kommission der Nationalen Vereinigung … bei Dr. Guevara in der Nationalbank betrifft.
Dr. Castro: Welchen Eindruck hatten Sie von ihm?
Gutierrez Cordovi: Einen guten, mit anderen Worten, sie haben Fragen der Industrialisierung diskutiert.
Dr. Castro: Seltsam. Jeder, der den Genossen Guevara sehen geht, kommt zurück und ist schwer beeindruckt und von ihm begeistert.
Cordovi: Na gut. Als Ergebnis dieses Gespräches kursieren Gerüchte, eines mit dem Inhalt, daß die Revolutionsregierung vor-

rungswelle in die USA abzusetzen begann, sowie an amerikanische Landeigentümer auf der Insel. Die Agrarreform geriet jedoch auch zu einer Kraftprobe mit der eigenen Regierung, die der Comandante auf seine unnachahmliche Weise für sich entschied. Er klagte über das schleppende Reformtempo und erklärte in einer Fernsehansprache seinen Rücktritt als Premierminister. Während einer Massenveranstaltung ließ er sich wenige Tage später vom Volk dazu drängen, das Amt wieder zu übernehmen mit dem Ergebnis, daß nunmehr Urrutia seinen Hut nahm. Castro ersetzte ihn durch den radikaleren Osvaldo Dortico. Und noch ein personelles Zeichen setzte er: Durch ein Dekret des Ministerrats von Anfang Februar wahrheitswidrig zum »gebürtigen kubanischen Bürger« gekürt, übernahm Che Guevara Ende November 1959 den Chefposten bei der kubanischen Notenbank. Es war dies eine wahrhaft revolutionäre Tat, denn Guevara hatte nach eigenem Bekunden keine Ahnung von der Funktionsweise einer Zentralbank. Statt dessen liebäugelte er in dieser beginnenden »romantischen Phase« der kubanischen Revolution mit der gänzlichen Abschaffung des Geldes auf Kuba.

Eine seiner ersten Amtshandlungen bestand darin, die kubanischen Goldbestände im amerikanischen Fort Knox zu verkaufen und den Erlös bei schweizerischen und kanadischen Banken zu deponieren. Die Gelder waren damit einer möglichen amerikanischen Konfiszierung entzogen. Guevara stand den USA schon immer feindlicher gegen-

schlägt, die Schwerindustrie unter die Kontrolle der Regierung zu stellen.
Dr. Castro: Welche Schwerindustrie?
Cordovi: Das frage ich auch. Was für eine Schwerindustrie ist das?
Dr. Castro: Sie meinen, wir haben hier eine Schwerindustrie?
Cordovi: Ja, vielleicht könnten sie eine Leichtindustrie hier aufziehen, aber in Kuba könnten wir keine Schwerindustrie haben.
Dr. Castro: Hier gibt's eine Menge schwergewichtiger Leute, würde ich sagen, aber Schwerindustrie wäre mir nicht bekannt.

Castro in einem Gespräch mit Fernsehjournalisten in Havanna, 20. Januar 1960 über als Castro, und er ahnte wahrscheinlich, was kommen würde.

Die Reformen und Gesetzesänderungen in der Frühphase der revolutionären Machtausübung werden von Kuba-Experten, die Fidel Castro wenig gewogen sind, häufig unter dem Gesichtspunkt betrachtet, inwieweit sie bereits den später eingeschlagenen Weg des Marxismus-Leninismus auf der Insel erkennen lassen. Dabei bleibt zumeist ein Reformbereich außer acht, der jedoch für viele Kubaner von größter Wichtigkeit war. Was immer man über Fidels Herrschaft sagen wird, bleibt es doch sein Verdienst, der schwarzen Minderheit auf der Insel zu entschieden mehr Gerechtigkeit verholfen zu haben, indem er mit de jure oder auch de facto existierenden Bestimmungen aufräumte, welche diese diskriminierte. Daß Rassismus in den Köpfen seiner Landsleute weiter fortlebt, muß er sich nicht allein ankreiden lassen.

Das alles andere beherrschende Problem Castros und der Revolutionsführung bestand jedoch in der Frage, wie

Castro sprach ganz klar für seine Zuhörer, und seine Feststellungen sind extrem. Aber er sprach auch frei und ohne Zurückhaltung, und seine Äußerungen reflektieren seine zugrunde liegenden Überzeugungen. Es besteht wenig Zweifel, daß seine Grundhaltung gegenüber den USA von Mißtrauen und Unfreundlichkeit geprägt ist. Ferner fehlt ihm und seiner Bewegung durch den Fall Batistas ein bequemer Prügelknabe und, bewußt oder nicht, fängt er an, diese Lücke mit den USA und bestimmten lateinamerikanischen Regierungen zu füllen. Im Herzen ist er noch und wird er unglücklicherweise vielleicht immer ein Revolutionär bleiben, mit dem Bedürfnis des Revolutionärs, auf etwas herumzuhacken oder wenigstens dagegen zu opponieren ... Es erscheint naheliegend zu erwarten, daß es häufige Wechsel in den Temperaturen unserer Beziehungen geben wird, zumindest in der nahen Zukunft, und daß Beamte unserer Regierung, die mit kubanischen Angelegenheiten zu tun haben, sich mit dem Gedanken anfreunden sollten, ganz ruhig am Rande eines Vulkanes herumzuwandern, der in Gefahr ist, bei der geringsten Provokation mit Schwefeldampf auszubrechen.

Beurteilung durch US-Botschaftsrat Daniel M. Braddock nach einer Castro-Pressekonferenz im Fernsehen am 19. Februar 1959

sich ihr Verhältnis zu den Vereinigten Staaten entwickeln würde. Eingedenk der jahrzehntelangen Tradition direkter oder indirekter amerikanischer Einmischung in die kubanische Politik fürchtete Castro, um es mit Tad Szulc ganz simpel auszudrücken, daß ihm, ähnlich wie den Freiheitskämpfern von 1898, die Revolution von den USA gestohlen werden könnte.

Bereits wenige Wochen nach dem Sieg des M–26–7, im März 1959, kam der National Security Council in Washington zu dem Schluß, daß man Castro auf die eine oder andere Weise loswerden müsse. Der CIA war uneins in der Bewertung der Revolution, vor allem hinsichtlich der Frage, ob Fidel Castro Kommunist sei oder aber unter dem bestimmenden Einfluß von Kommunisten stehe. Kubanische Veröffentlichungen nennen mehrere hundert Attentatsversuche, die auf den Revolutionsführer seit 1959 verübt worden seien, die meisten davon mit angeblicher CIA-Unterstützung. Selbst Fidels Liebesleben blieb von einer CIA-Instrumentalisierung nicht verschont. Als Ende Februar 1959 der Kapitän des im Hafen von Havanna liegenden deutschen Kreuzfahrtschiffes *Berlin* Castro und seine Entourage zu einem Empfang an Bord einlud, verliebte sich der Comandante in dessen Tochter. Marita Lorenz wies den berühmten Revolutionär zwar bei dieser Gelegenheit noch ab, doch später, in New York, gelang es einigen Kubanern im Auftrag Castros, die Angebetete dazu zu überreden, nach Havanna zu kommen und mit ihm die Hotelsuite im 23. Stock des Habana Libre, des ehemaligen Hilton Hotels, zu teilen. Die Suite zählte damals zu Castros diversen Wohnquartieren, welche er ständig wech-

38 Fidel Castro mit seiner »Alemanita«, Marita Lorenz

selte. Marita Lorenz wurde jedoch bald von CIA-Agenten angeworben, die sie dazu brachten, Papiere vom Schreibtisch Castros zu entwenden, später sogar von den USA aus einen Mordversuch gegen ihn zu inszenieren. Heute lebt sie in New York.

Ende 1959 begann der CIA zeitweilig mit der geheimen Bewaffnung von Anticastristen, die sich noch in den Escambray-Bergen hielten. Als sich der Geheimdienst im März 1960 schließlich zu einer militärischen Operation gegen das Castro-Regime entschloß, ließ er diese aus Abenteurern und alten Batista-Anhängern bestehenden Gruppen wieder fallen, weil er in den in den USA lebenden Exilkubanern eine effizientere Basis zu erkennen glaubte.

Abgesehen von der ideologischen Ausrichtung der Revolutionäre auf Kuba inmitten des Kalten Krieges beanspruchten zunächst vor allem zwei Fragen die amerikanischen Medien. Die eine galt Castros Haltung zu allgemeinen Wahlen, die andere seinem Umgang mit Gefangenen des Batista-Regimes. Castros Äußerungen zu Wahlen waren kaum dazu angetan, das amerikanische Vertrauen in die kubanische Revolution zu steigern, denn in Interviews erklärte der *máximo lider* ein ums andere Mal, daß Wahlen kein vordringliches Problem für Kuba seien, sie sollten in vielleicht zwei Jahren abgehalten werden, im übrigen gelte es, Zeit und Kraft für Verbesserungen im Leben der Kubaner einzusetzen.

Bereits in seiner Rede vom 8. Januar in Havanna hatte Castro hervorgehoben, daß Mörder der Regierung Batista keine Gnade zu erwarten hätten. Gegen »Kriegsverbrecher« setzte die Revolutionsführung dann auch im Frühjahr 1959

Frage: Wann wird es Wahlen geben?
Castro: Nun, es gibt noch kein genaues Datum, aber die Regierung will sie so schnell wie möglich abhalten. Ich kann Ihnen folgendes sagen: man spricht davon, sie in zwei Jahren abzuhalten, und das ist die Regierungsabsicht ... Im allgemeinen ist es in diesen Ländern so, wenn eine Revolution oder ein *coup d'état* stattfindet, daß es im Interesse solcher Regierungen ist, die Wahlen so lange wie möglich hinauszuschieben, um an der Macht zu

Schauprozesse an, die mit rund 550 Erschießungen, sogenannten *paredóns*, endeten. Castro hatte in Interviews zuvor eine Zahl von ca. 400 angekündigt. Die Hinrichtungen dienten zweifellos auch als Ventil für den aufgestauten Zorn jener Menschen, die unter Batistas Gewaltherrschaft Angehörige verloren hatten. Sie wurden von den meisten Kubanern eher unter moralischen denn unter streng rechtlichen Gesichtspunkten gesehen. Nicht zu Unrecht wiesen Castro und seine Mitstreiter darauf hin, daß die USA kaum ein Wort des Protestes gegen Folter und Mord unter Batista verloren hatten. Der Eindruck der Prozesse in den Vereinigten Staaten war indes verheerend, um so mehr, als Castro lauthals verkündete, die Amerikaner könnten ja, wenn ihnen die Verhältnisse auf Kuba nicht gefielen, dort landen, dabei aber auch »200 000 *gringos* verlieren«.

Seit der Machtübernahme verging kaum eine Woche, in der Castro nicht in Ansprachen und Interviews auf die Souveränität Kubas pochte – und dies bedeutete immer eine Spitze gegen die USA. Nicht geringe Verwirrung stiftete daher seine Annahme einer Einladung seitens der amerikanischen Zeitungsherausgeber, im April 1959 in die Vereinigten Staaten zu reisen. Er selbst bezeichnete die Tour als »*goodwill trip*«, die sich von entsprechenden Reisen anderer lateinamerikanischer Staatsmänner dadurch unterscheide, daß er in Washington nicht um Geld betteln werde. Mehr aus Neugier für den Revoluzzer denn aus Sympathie für seine Mission bereiteten viele tausend Amerikaner dem Gast einen »großen Bahnhof«. Geschickt bediente er den Gefühlshaushalt seiner Gastgeber, wenn er

bleiben, da sie nicht die Unterstützung des Volkes haben. In unserem Fall ist es genau umgekehrt. Hinter uns stehen 90 % des Volkes, und wir brauchen die Bevölkerung in Wahlen nicht zu fürchten.

Castro-Interview, Präsidentenpalast Havanna, 27. Februar 1959

nahezu überallhin seinen kleinen Fidelito mitnahm. Präsident Eisenhower signalisierte betontes Desinteresse an dem Besucher und spielte außerhalb Washingtons Golf, dafür kam es zu einer Unterredung zwischen Vizepräsident Nixon und dem *Comandante*. Castro gewann dabei einen negativen Eindruck von Nixon, während dieser seinerseits zu dem Schluß kam, Castro stehe unter kommunistischem Einfluß.

Nach einem glanzvollen Auftritt vor 30 000 Menschen im New Yorker Central Park, einer Stippvisite zu den Vereinten Nationen und einer Rede an der Bostoner Harvard University fuhr Castro weiter nach Montreal und von dort zu einer internationalen Wirtschaftskonferenz nach Buenos Aires. Sein Besuch in Südamerika signalisierte den »Internationalisten« Fidel Castro, den Führer einer Revolutionsbewegung, die keinesfalls auf eine Insel in der Karibik beschränkt bleiben würde, auch wenn er nicht müde wurde zu betonen, daß die kubanische Revolution kein Exportartikel sei. Den Höhepunkt seiner Tour durch Südamerika bildete eine Ansprache vor dem »Komitee der 21« auf der Wirtschaftskonferenz in der argentinischen Hauptstadt. Dabei forderte er die US-Regierung auf, ein 30-Mrd.-

39 Castros Gefolge nutzt die Gelegenheit zum Sightseeing: Camilo Cienfuegos (links) im Lincoln Memorial Monument

Dollar-Entwicklungsprogramm zur Armutsbekämpfung in Lateinamerika zu starten – ein Vorschlag, den die Regierung in Washington umgehend als lächerlich zurückwies. Indes: Kaum zwei Jahre später sollte der neue amerikanische Präsident John F. Kennedy angesichts wachsender revolutionärer Umtriebe in der westlichen Hemisphäre exakt diese Idee aufgreifen, sie mit 25 Mrd. Dollar ausstatten und als »Allianz für den Fortschritt« ausgeben – zur Genugtuung Castros.

Unmittelbar nach der Rückkehr von der Amerika-Reise vollzog Castro einen entscheidenden Schritt im Prozeß der Machtkonsolidierung. Mit der Gründung des Instituts für Agrarreform (INRA), zu dessen Präsident er sich erklärte, schuf Castro sich ein äußerst wirksames Instrument zur Umgestaltung der Besitzverhältnisse in der Landwirtschaft. So kontrollierte der INRA künftig die Agrarkreditvergabe. Innerhalb des Instituts wurde zusätzlich eine Abteilung für Industrialisierung geschaffen, die Che Guevara unterstand. Praktisch in der Funktion eines Ministers für Industrialisierung erlangte Guevara damit weitreichende Vollmachten, bedenkt man seine zusätzliche Rolle als Chef der Nationalbank. Wirtschaftspolitisch stand hinter diesen Entscheidungen der Versuch, Kuba aus seiner einseitigen Abhängigkeit vom Zucker zu befreien und eine Importsubstitution durch rasche Industrialisierung zu bewirken. Machtpolitisch bedeutete die Aktivität des INRA

40 Che Guevara im Gespräch mit Fidel Castro

eine immer stärkere Einflußnahme seiner überwiegend marxistisch orientierten Führungskräfte auf die Arbeit des eigentlichen Regierungsapparats und seiner Mitglieder, vor allem, seit Castro systematisch begann, den INRA mit der allmächtigen Rebellenarmee personell zu verquicken. Sein Bruder Raúl unterstützte ihn bei der Schaffung einer 100 000-Mann-Miliz. INRA-Finanzmittel wurden ferner zweckentfremdet eingesetzt, um eine Artillerieschule sowie Ausrüstungen für Luftabwehr und panzerbrechende Artillerie anzuschaffen. In Geheimreden machte Fidel seine engsten Mitarbeiter – und dazu zählten die weitaus meisten Regierungsmitglieder eben nicht – mit der Funktion des INRA vertraut: Mit Hilfe dieses Instrumentes ging es ihm um Aktivierung, Mobilisierung und Militarisierung der kubanischen Bevölkerung. Womöglich klarer als andere in seiner Umgebung, Che Guevara sicher ausgenommen, sah er die kommende Konfrontation mit den USA voraus, eine Auseinandersetzung, der er nicht aus dem Wege gehen wollte und für die er sich und sein Land zu wappnen trachtete. Waffen: Sowohl für die Bekämpfung immer noch aktiver Rebellen im Escambray-Gebirge als auch für den nicht auszuschließenden militärischen Zusammenstoß mit dem mächtigen Nachbarn im Norden, ja sogar zur Abwehr einer möglichen Invasion von Truppen Trujillos aus der Dominikanischen Republik waren bewaffnete Einheiten dringend erforderlich. Unterschiedliches Kriegsmaterial traf seit Ende 1959 zunächst aus Belgien und Italien, später vor allem aus der Tschechoslowakei und der Sowjetunion ein. Auf Druck der USA unterließ Großbritannien die bereits zugesagte Lieferung von Hawker-Jagdflugzeugen.

Einst Lehrer in Manzanillo und, wie Castro, Mitglied der Ortodoxos, sammelte **Huber Matos** nach Batistas Putsch von 1952 Männer und Waffen in Costa Rica, um sie in die Sierra Maestra zu bringen. Nach der Machtübernahme des M–26–7 ernannte Castro ihn, den entschiedenen Antikommunisten, zum Militärbefehlshaber in der Provinz Camaguey. Seit April 1959 beklagte sich Matos über den zunehmenden Einfluß der Kommunisten und bot Castro seinen Rücktritt an. Der wies ihn zurück, doch endgültig nahm Matos seinen Abschied, als Raúl Castro zum Verteidi-

Einschneidende personelle Veränderungen signalisierten in der zweiten Jahreshälfte 1959 eine Radikalisierung der Revolution. Im Juni zwang Castro den eher pro-amerikanischen Außenminister Agramonte zum Rücktritt, und zu seinem Nachfolger ernannte er mit Raúl Roa einen frisch bekehrten, dafür aber um so eifrigeren *fidelista*. Die Ersetzung Präsident Urrutias durch den Linken Dortico erfolgte im Juli, begleitet von der Posse um seinen eigenen vorübergehenden Rücktritt als Premierminister. Einen schweren Schlag für die Revolution bedeutete die Flucht von Major Diaz Lanz, dem Luftwaffenchef, in die USA. Lanz begründete seine Aktion mit dem wachsenden kommunistischen Einfluß auf die kubanische Politik, es konnte dies aber auch als Entreebillet für die Einreise in die Vereinigten Staaten verstanden werden. Eine echte Zäsur hingegen bildete das Rücktrittsgesuch von Major Huber Matos vom 20. Oktober, ebenfalls wegen des zunehmenden kommunistischen Einflusses. Fidel Castro deutete das Gesuch als »Verrat an der Revolution«, stellte während einer Massenversammlung in Havanna eine »konterrevolutionäre« Verbindung zwischen diesem und Lanz her und ließ sich von dem enthusiasmierten Publikum die zigtausendfach gebrüllte Aufforderung geben, Matos »an die Wand zu stellen«. Im Dezember wurde Matos zu 20 Jahren Haft verurteilt, die er bis auf den letzten Tag absaß. Ohne Frage schürte der Fall Huber Matos die Kritik gemäßigter Kreise der kubanischen Bevölkerung am politischen Kurs ihres Landes, vor allem aber in den USA stärkte er die Entschlossenheit dort lebender Exilkubaner, aktiv gegen Castro vorzugehen.

gungsminister aufstieg. Auf Befehl Fidel Castros verhaftete Camilo Cienfuegos Matos in Camaguey, brachte ihn nach Havanna, wo ihm vor 1500 Zuschauern in einem Militärgericht der Prozeß wegen Verrats sowie Kollaboration mit dem Feind gemacht wurde. Matos entging der beantragten Todesstrafe, verbrachte jedoch über 20 Jahre in Haft, wo er auch gefoltert wurde. Bei seinem Schlußplädoyer erhob sich spontan eine Reihe von Soldaten und applaudierte ihm. Castro befahl ihren Rauswurf. Später wurden sie aus der Revolutionsarmee ausgeschlossen.

Dessen Position geriet Ende Oktober 1959 zusätzlich in Bedrängnis, als die Nummer zwei der Revolution, der allseits beliebte Camilo Cienfuegos, mit einem Flugzeug abstürzte. Maschine und Pilot sind nie gefunden worden.

Um die Jahreswende 1959/1960 war den meisten Beobachtern der kubanischen Entwicklung deutlich, daß sie in Richtung Sozialismus ging. Zutreffend und aufrichtig dürfte Fidels Feststellung ein gutes Vierteljahrhundert nach seiner Machtübernahme sein, die er im Blick auf die Bedeutung der ständigen amerikanischen Bedrohung »seiner« Revolution für den sozialistischen Weg Kubas traf. So erklärte er: »Wir haben unser Programm nach und nach entwickelt. All diese [amerikanischen] Aggressionen haben den revolutionären Prozeß beschleunigt. Haben sie diesen verursacht? Nein, das wäre ein Irrtum. Ich behaupte nicht, daß diese Aggressionen die Ursache für den Sozialismus auf Kuba sind. ... In Kuba wollten wir den Sozialismus auf dem ordentlichsten Weg aufbauen ..., mit einem Minimum an Traumata und Problemen, aber die Aggressionen des Imperialismus haben den revolutionären Prozeß beschleunigt.«

Für den weiteren Marsch auf dem Weg Kubas in den karibischen Sozialismus gewann nun das Verhältnis Havannas zur Sowjetunion herausragende Bedeutung. Die UdSSR hatte eigentlich traditionell kein besonderes Interesse an Lateinamerika gehabt, und über die alten kubanischen Kommunisten der PSP war Moskau ursprünglich dergestalt informiert gewesen, daß Fidel Castro mit dem *gangsterismo* an der Universität von Havanna in Verbindung zu bringen war und sein Moncada-Überfall von 1953 ihn bestenfalls als revolutionären Abenteurer qualifiziert hatte.

Er wollte Kuba über Nacht in ein industrialisiertes Land verwandeln. Kuba hat kein Metall, das als Grundlage für ... Maschinerie und Verkehr dienen könnte. Er wollte aus Kuba einen Exporteur von Metall und Stahlblech in der Karibik machen. Alle sowjetischen Techniker waren dagegen, sie sagten, dies sei ökonomisch gesehen verrückt, es gäbe in Kuba keine Kohle- und Eisenvorkommen ... Che fand keine Argumente, die stark genug waren, sie zu überzeugen ... Die Diskussion dauerte Tage. Er blieb bei

Es entging dem Kreml jedoch nicht, daß Castro seit seinem Einmarsch in Havanna zunehmend mit den kubanischen Kommunisten kooperierte, ungeachtet seiner dreisten Erklärungen gegenüber der Weltöffentlichkeit, die kubanische Revolution stehe keinesfalls unter deren Einfluß.

Es war der kubanische Altkommunist und führende Kopf im INRA, Nuñez Jiménez, der Ende 1959 über den TASS-Vertreter in Havanna, Alexandr Alexejew, einen ersten Gesprächsfaden zur sowjetischen Führung knüpfte, welcher dann im Februar 1960 zum Besuch von Anastas Mikojan, dem Ersten Stellvertreter des Ministerratsvorsitzenden der UdSSR, auf Kuba führte. Abgesehen von den Anfang Mai aufgenommenen diplomatischen Beziehungen zwischen beiden Ländern war Mikojans Aufenthalt das Resultat eines Handels- und Zahlungsabkommens, das Kuba unter anderem einen auf zwölf Jahre befristeten Kredit von 100 Mio. Dollar bei 2,5 % Zinsen einräumte. Ferner würde die Sowjetunion in den nächsten vier Jahren jeweils 1 Mio. Tonnen Zucker abkaufen, Kuba im Gegenzug Erdöl und Kunstdünger erhalten und darüber hinaus personelle Hilfe für den Aufbau einer diversifizierten Industrie bekommen.

Zu Beginn des Jahres 1960 häuften sich sporadische Attacken von in Florida lebenden Exilkubanern auf Einrichtungen in Kuba, es war die Begleitmusik für die wachsenden Spannungen zwischen Havanna und Washington. Am 4. März erreichten sie einen ersten Höhepunkt, als der mit 76 Tonnen belgischer Waffen beladene französische Frachter *La Coubre* im Hafen von Havanna in die Luft

seiner Meinung. Er erklärte, dies würde ihm helfen, eine Arbeiterklasse und einen Markt zu schaffen ... Er beharrte auf den sozialen, oder besser gesagt, strategischen Aspekten, während die Sowjets ökonomische Berechnungen, Kosten und Märkte berücksichtigten: ... Stellen Sie sich vor, in 15 Jahren werden Sie 15 Millionen Tonnen Stahl haben! Was wollen Sie damit machen?

Alexandr Alexejew im Gespräch mit Che-Guevara-Biograph Jorge G. Castaneda über Ches Besuch in der UdSSR 1960 flog und dabei 81 Menschen in den Tod riß. Sofort wurden Parallelen zur Explosion der *Maine* 60 Jahre zuvor gezogen, die Ursache für das Ende des französischen Schiffes wurde indes nie geklärt. Fidel Castro leitete die Rettungsmaßnahmen vor Ort persönlich und bezichtigte die USA wütend der »Sabotage«. Sein Zorn hatte sich auch noch nicht anläßlich der Beerdigung der Opfer am folgenden Tag gelegt, und so schloß er seine Rede bei dieser Gelegenheit erstmals mit den berühmten Worten: »*Patria o muerte, venceremos*!« – »Vaterland oder Tod, wir werden siegen!« Lange Zeit sollte jede seiner Reden mit diesem todessüchtigen Schlachtruf enden.

La Coubre bedeutete eine weitere wichtige Etappe auf dem Weg zur direkten amerikanisch-kubanischen Konfrontation. Der US-Botschafter in Havanna, Philip Bonsal, der wie kaum ein Vertreter seines Landes vor ihm Sympathien für Kuba hegte, meinte rückblickend, angesichts des Wahljahres 1960 in den USA hätte keine castrofreundliche Politk im Weißen Haus eine Zukunft gehabt. Die

Zeichen standen auf Sturm. Am 17. März setzte der noch amtierende Präsident Eisenhower eine Arbeitsgruppe ein, die eine verdeckte Operation gegen das Castro-Regime vorbereiten sollte. Der CIA war daran federführend beteiligt, weitere Teilnehmer kamen aus dem Weißen Haus sowie aus den Kreisen der Exilkubaner. Als Hauptbefürworter der geplanten Aktion, die in der Aufstellung einer exilkubanischen Brigade in Guatemala gipfelte, galt der damaligeVizepräsident Richard Nixon.

Kuba rückte unterdessen weiter in Richtung sozialistische Staatenwelt. Im März und April wurden Handelsabkommen mit Jugoslawien und Polen unterzeichnet, und am 22. April traf sogar eine chinesische Gewerkschaftsdelegation in Havanna ein. Es wurde unter anderem die Gründung einer chinesischsprachigen Zeitung für die kleine chinesischstämmige Gemeinde auf Kuba beschlossen. Das kommunistische China – noch nicht voll in die harten ideologischen Bruderkämpfe mit der Sowjetunion verwickelt – suchte in der westlichen Hemisphäre Fuß zu fassen.

Seit dem 23. Mai verschlechterten sich die kubanisch-amerikanischen Beziehungen rapide. Che Guevara informierte die Ölraffinerien von Texaco, Royal Dutch Shell und Standard Oil von seiner Entscheidung, daß sie ab sofort täglich 6000 Barrel sowjetisches Rohöl verarbeiten müßten.

Möglicherweise hätten diese Ölfirmen der Aufforderung Guevaras am Ende nachgegeben, doch es war nun das amerikanische Außenministerium, das sie in ihrer Verweigerungshaltung ermunterte. Washington sah ganz offen-

◀ 41 Das Wrack der *La Coubre* im Hafen von Havanna

bar eine Chance, über den sensiblen Hebel der Energieversorgung Havanna in die Knie zwingen zu können. Castro legte nach und unterzeichnete eine Verordnung, derzufolge alle Raffinerien, welche die Verarbeitung sowjetischen Öls ablehnten, verstaatlicht würden. Genau das trat kurz darauf ein, und ein erbitterter Wirtschaftskrieg, der bis zum heutigen Tage anhält, entbrannte zwischen Kuba und den USA. Präsident Eisenhower entschied am 6. Juli, die vertraglich festgesetzte Zuckerquote für 1960, die immerhin etwa einem Viertel der Gesamternte entsprach, nicht abzunehmen und künftig überhaupt keinen Zucker mehr aus Kuba zu importieren. Ein entsprechendes Gesetz der Vereinigten Staaten wurde von Castro als »Dolchgesetz« apostrophiert, weil es wie ein tödlicher Dolch im Rücken der Revolution wirke. Statt jedoch sofort und möglicherweise unbesonnen auf das amerikanische Vorgehen zu reagieren, ließ sich der Comandante ein wenig Zeit, trat dann jedoch am 2. September auf einer gewaltigen Massenversammlung mit der ›1. Erklärung von Havanna‹ an die Öffentlichkeit, die »die Ausbeutung des Menschen durch den Menschen« geißelte und ihm implizit die Führerschaft innerhalb der Dritten Welt antrug.

Die Sowjetunion nutzte nun die Gelegenheit, den bedrängten Kubanern aus der wirtschaftlichen Klemme zu helfen. Parteichef Chruschtschow erklärte, die UdSSR werde zusätzlich zu ihren ohnehin vereinbarten Zuckerkäufen in Höhe von 770 000 Tonnen die gesamte US-Quote von 700 000 Tonnen zu Weltmarktpreisen übernehmen.

Dubois: Was ist Ihre Auffassung vom freien Unternehmertum und welche Garantien geben Sie für in Kuba investiertes US-Kapital?
Castro: Das M–26–7 hat niemals von Sozialisierung oder Nationalisierung jeglicher Industrie gesprochen. Das ist bloß die dämliche Angst mancher Leute vor unserer Revolution. Vom ersten Tag unseres Kampfes an haben wir erklärt, daß wir die volle Anwendung der Verfassung von 1940 begrüßen, deren Durchführungsbestimmungen Garantien, Rechte und Pflichten für alle Teilnehmer am Produktionsprozeß festlegen. Dies schließt freies Unternehmertum und investiertes Kapital ebenso ein wie viele

Bis heute ist nicht erkennbar, warum die Regierung Eisenhower einen Kurs eingeschlagen hatte, der Castro und Kuba ins sowjetische Lager treiben mußte. Chruschtschow hielt am 9. Juli eine Rede, in der er unter anderem ausführte: »Die Sowjetunion erhebt ihre Stimme und streckt dem kubanischen Volk eine helfende Hand entgegen … In einem bildlichen Sinne kann das sowjetische Militär, falls es notwendig werden sollte, das kubanische Volk mit Raketen unterstützen.« Castro sollte in nicht allzu ferner Zukunft die letzten Worte sehr wörtlich nehmen.

Anläßlich der Feiern zum siebten Jahrestag der Moncada am 26. Juli in den Bergen der Sierra Maestra geizte der *máximo lider* nicht mit weiteren Provokationen der USA. Der »Internationalist« in ihm kündigte an, die Anden, die gewaltige Gebirgskette Südamerikas, zur Sierra Maestra »aller Amerikas« machen zu wollen, die Revolution also in die gesamte westliche Hemisphäre hinauszutragen. Wenige Tage später, Anfang August, segnete er das von ihm sogenannte »Machetegesetz« ab, das in Anspielung auf das »Dolchgesetz« der USA nunmehr die Verstaatlichung des weitaus größten Teils von US-Besitz, darunter die Anlagen der Ölmultis Shell, Standard Oil und Esso, auf der Insel bedeutete. Ein »Faustschlag« gegen die »Imperialisten« sei dies, teilte er seiner Sekretärin im INRA, Conchita Fernández, mit.

Innenpolitisch zog Castro während des Jahres 1960 ebenfalls die ideologischen Schrauben an, nachdem er bereits im November des vorherigen Jahres den Gewerkschafts-

andere wirtschaftlichen, bürgerlichen und politischen Rechte. Es gibt bestimmte Leute, die sehr besorgt sind um ihre ökonomischen Rechte, aber diese selben Leute stört es nicht, wenn die Rechte anderer Bürger und der Nation verletzt werden. Solange der Diktator ihre wirtschaftlichen Rechte garantiert, unterstützen sie ihn und kümmern sich nicht darum, daß er täglich eine Reihe von Menschen tötet. Das M–26–7 kämpft für unsere Rechte und für die Verfassung und unterstellt, daß Freiheit und Leben, nicht Reichtum, die höchsten menschlichen Werte sind.

Fidel Castro bereits im Mai 1958 in einem Interview mit Dubois dachverband auf pro-sozialistischen Kurs gebracht und dessen Sekretär, den altgedienten M–26–7-Führer David Salvador, entlassen und ihn damit auf die Seite der Castro-Gegner gedrängt hatte. Äußerst sensibel für die Wirksamkeit der Medien, brachte Castro nun auch die beiden Hauptfernsehkanäle sowie die Zeitungen unter seine Kontrolle. Bürgerlich ausgerichtete Blätter sahen sich zunehmend gegängelt, wenn sie auch nicht direkt verboten wurden. Mit den Kommunisten des PSP tat sich Castro ebenfalls nicht leicht, hingen sie doch strengen marxistischen Dogmen vom Klassenkampf an, denen der Comandante mit seinem aktionistischen Revolutionsverständnis nur wenig abgewinnen konnte. Carlos Rafael Rodríguez hielt als Kommunist Castro die Treue, seit er sich ihm in der Sierra Maestra angeschlossen hatte. Rodríguez und seinem Einfluß auf den PSP war es wesentlich zu vedanken, daß es später zur Bildung einer Einheitspartei unter Aufgabe der PSP-Eigenständigkeit kam.

Analog dem Mechanismus kommunizierender Röhren spitzte sich das amerikanisch-kubanische Verhältnis in dem Maße zu, wie sich die Revolution im Inneren der Insel radikalisierte. Dabei setzte Castro selbst in diesem Verhältnis einen bizarren Kontrapunkt, als er am 18. September 1960 zur Teilnahme an der UN-Vollversammlung in New York erschien. Nur vier Tage vor seiner Ankunft hatte der CIA in Zusammenarbeit mit einem hochrangigen Mafioso den Plan für eine baldige Ermordung Castros erörtert. In der Folge gab es etliche Versuche, Castro zu vergiften, ihn möglichst zeitgleich zusammen mit seinem Bruder Raúl und Che Guevara aus dem Weg zu räumen.

Wir landeten in New York und traten hinaus in eine Menge von Polizisten und Kameras ... Wir stellten fest, daß wir nicht zu Célia Sanchez' Quartier konnten, weil es inzwischen weder geheim noch sicher war. Fidel wollte seine Hängematte in die Gärten bei den Vereinten Nationen hängen ... Dann schlug Fidel vor, wir sollten im Central Park kampieren, vielleicht Guerilla-Operationen dort starten. Schließlich bot man uns an, im Hotel Teresa in Harlem zu logieren. Wir waren begeistert, besonders Fidel, weil er

In New York provozierte Castro mit seiner zahlreichen Begleitung das weiße Amerika dadurch, daß er im Schwarzenviertel Harlem Quartier nahm und buchstäblich hofhielt. Mit atemberaubendem Geschick nutzte er den Umstand, daß seine Delegation kein teures Hotel bezahlen konnte, zu einer Bloßstellung der amerikanischen Gastgeber in der damals brisanten Rassenfrage.

Unangefochten war er der Held der UN-Vollversammlung des Jahres 1960, der Medienstar schlechthin. Nikita Chruschtschow suchte den *Comandante* in Harlem auf – der väterliche Supermachtrepräsentant schloß in einer denkwürdigen Szene am Eingang des Hotel Teresa den in knittriges Armee-Olivgrün gekleideten Revolutionär in die Arme. Symbolträchtiger hätte die kommende politische Umarmung Kubas durch die Sowjetunion nicht ausfallen können. Auf dem Weg in die USA hatte der Sowjetführer geäußert: »Ich hoffe, Kuba wird ein Leuchtturm des Sozialismus in Lateinamerika … Castro macht derartige Hoffnung, und die Amerikaner helfen uns.« Nach Chruschtschows Auffassung versuchten die USA, das revolutionäre Experiment auf Kuba zu vernichten, anstatt normale Beziehungen anzustreben. »Das ist töricht«, fuhr er fort, »es ist das Re-

42 Chruschtschows Umarmung Fidels in Harlem

erkannte, welchen politischen Wert das Wohnen im schwarzen Ghetto besaß.

Franqui über Castros Besuch bei der UN-Vollversammlung in New York 1960 sultat des Geheuls geifernder Antikommunisten in den USA, die überall Rot sehen, wo manches doch eher rosa oder gar weiß ist.« Und in bemerkenswerter Analogie zur eingangs erwähnten Apfel-Metapher des amerikanischen Außenministers John Quincy Adams von 1823 meinte er: »Castro wird zu uns hinstreben wie ein Eisenspan zum Magneten.«

Am Ende seiner mehrfachen Begegnungen mit Castro hatte Chruschtschow offenbar den Eindruck, daß der *Comandante* Militärhilfe und die enge Freundschaft mit der Sowjetunion suche sowie eines Tages ein guter Kommunist werde. Allerdings sei er noch ein wenig ungestüm, wie ein junges Pferd, das noch zugeritten werden müsse.

Bereits kurz nach seiner Rückkehr in die Heimat sah sich Castro einer Fülle von Problemen gegenüber. Durch die Rückrufung ihres Botschafters Bonsal aus Havanna am 18. Oktober signalisierten die USA, daß sich die Beziehungen zu Kuba dem Nullpunkt entgegenbewegten. Mehr noch: Nur einen Tag später verhängten die Vereinigten Staaten jenes berühmte Embargo gegen Kuba, demzufolge keine amerikanischen Waren mehr auf die Zuckerinsel exportiert werden durften, ausgenommen bestimmte Lebensmittel, Medikamente und medizinisches Gerät. Castro widmete das Embargo geschwind in eine »Blockade« um und verlieh dem Vorgang damit militärische Weihen. Das Embargo gilt im großen und ganzen bis zum heutigen Tag, dient der kubanischen Führung als allfällige und bequeme Ausrede für wirtschaftliche Fehlentwicklungen im Land und trug entscheidend dazu bei, Havanna ersatzweise zu dem großen Magneten Moskau hinstreben zu lassen, um in dem Bilde Chruschtschows zu bleiben.

Die Leute haben mich gefragt, ob ich zur Zeit des Moncada-Überfalls so gedacht habe wie heute. Ich habe ihnen geantwortet, daß ich damals recht stark so gedacht habe wie heute. Das ist die Wahrheit. Dies war der Weg, den die Revolution gehen mußte: den Weg des antiimperialistischen Kampfes, den Weg des Sozialismus – das bedeutet der Nationalisierung aller großen Industrien und Betriebe, der Nationalisierung der wichtigen Produktionsmittel sowie der geplanten Entwicklung unserer

Zu den bedrohlich wachsenden Spannungen mit den USA kamen nun auch noch militärische Auseinandersetzungen mit den anticastristischen Rebellen im Escambray-Gebirge, die Castro am Ende nur durch den Einsatz von mehreren tausend Mann starken Milizverbänden unter Kontrolle zu bringen vermochte. Die Milizen sollten sich zukünftig als das Rückgrat der kubanischen Verteidigungskraft erweisen. Die Militarisierung der kubanischen Gesellschaft förderte der Comandante zusätzlich durch die Schaffung der »Revolutionären Verteidigungskomitees« (CDR), die sich wie ein sehr engmaschiges Blockwartsystem auswirkten. Sicher zog mit ihnen ein weiteres Stück Unfreiheit in Kuba ein, doch deuteten alle Informationen aus exilkubanischen Kreisen der USA darauf hin, daß eine militärische Konfrontation mit den »Yankees« unausweichlich zu werden drohte. Castro aber war fest entschlossen, die Revolution nicht kampflos preiszugeben, so mußte die Gesellschaft eben von Grund auf militarisiert werden.

Hilfe von außen gewährten mehr und mehr die sozialistischen Staaten, allen voran die Sowjetunion und die Tschechoslowakei in Form von Waffenlieferungen. Sie bestärkten Castro in seinem Kalkül, eine gewaltsame Auseinandersetzung mit den USA könne zumindest riskiert werden. Am 31. Dezember 1960, fast genau zwei Jahre nach dem Sturz Batistas, ordnete er die Generalmobilmachung an, um einen angeblich unmittelbar bevorstehenden Angriff des »Yankee-Imperialismus« abzuwehren. Drei Tage später brachen die Vereinigten Staaten ihre Beziehungen zu Kuba offiziell ab. Castros Gegner im Weißen Haus hieß inzwischen nicht mehr Eisenhower, sondern John

Wirtschaft auf schnellstmögliche Weise. Wir mußten, ganz ehrlich gesagt, den wissenschaftlichen Sozialismus übernehmen. Ich sage es mit Stolz und Vertrauen: Ich bin ein Marxist-Leninist, und ich werde ein Marxist-Leninist bleiben, bis ich sterbe.

In der Zeitung ›Revolución‹, 1. Dezember 1961

F. Kennedy. Der war nicht nur politisch unerfahren, sondern auch nur teilweise in die CIA-Planungen zum Sturz Castros eingeweiht, die sich mittlerweile auf das Landeunternehmen eines exilkubanischen Expeditionskorps von Mittelamerika aus konzentrierten.

Parallel zu den verdeckten Vorbereitungen für einen Angriff auf Kuba kündigte Präsident Kennedy im März 1961 die bereits erwähnte »Allianz für den Fortschritt« an, ein mit 25 Mrd. Dollar ausgestattetes Entwicklungsprogramm für Lateinamerika, mit dessen Hilfe der Nährboden für revolutionäre Umtriebe dort ausgetrocknet werden sollte. Jahre später wies Castro darauf hin, daß es einen direkten Zusammenhang zwischen seiner Revolution und der »Allianz« gebe: Beide zielten sie auf die Verwirklichung sozialreformerischer Ziele, der Plan Kennedys sei jedoch zum Scheitern verurteilt gewesen, da er die Machtverhältnisse in den einzelnen Ländern nicht anzutasten gewagt habe. Castro analysierte die »Allianz« als das, was sie war: eine politische und wirtschaftliche »Bremse« gegen die revolutionäre Bewegung auf dem Kontinent. Castros Kuba und die USA traten in einen offenen Wettstreit um den größten Einfluß in der westlichen Hemisphäre ein, bei dem die wirtschaftliche Entwicklung in Kuba vernachlässigt, wenn nicht gar geopfert wurde. Henry Kissinger kam zu dem Schluß: »Wenn Castro dem Rat der Theoretiker der wirtschaftlichen Entwicklung folgen würde, könnte er nichts besseres

43 John F. Kennedy, ein junger Präsident

erhoffen, als nach einigen Jahrzehnten der Führer eines kleinen fortschrittlichen Landes zu sein – sozusagen einer Schweiz in der Karibischen See. Verglichen mit der Aussicht, Führer der Revolution in ganz Lateinamerika zu werden, müßte ihm dieses Ziel trivial, langweilig, vielleicht sogar unrealistisch erscheinen.« Für Revolutionäre vom Schlage Fidel Castros sei die »eigentliche Realität nicht die Welt, die sie bekämpfen, sondern die Welt, die sie schaffen wollen«. Die »Internationalistische Solidarität mit der Dritten Welt« bedeutete für Castro fraglos mehr als nur ein billiges Propagandawort; inmitten innerkubanischer Schwierigkeiten schickte er im Frühjahr 1960 eine Schiffsladung mit Hilfsmitteln nach Chile, wo soeben viele Menschen Opfer einer riesigen Flutwelle geworden waren. Und die Entsendung von medizinischem Personal nach Nicaragua zeigte gleichfalls, daß sich die kubanische Revolution sehr wohl durch Taten und nicht nur durch Worte auszeichnete.

Tad Szulc hat darauf hingewiesen, daß Castro selbst von den sozusagen spiegelbildlich anlaufenden Hilfsaktionen der amerikanischen Entwicklungshilfeorganisation Peace Corps beeindruckt war – Havanna und Washington eiferten um die Gunst Lateinamerikas.

Dann endlich, genau fünf Tage, nachdem die Sowjetunion mit Jurij Gagarin den ersten Menschen ins Weltall geschickt hatte, erfolgte der von den USA inszenierte Angriff auf Kuba. Nach ei-

44 Fidel Castro, der junge Revolutionär

nem Training in Guatemala gingen am 17. April von Nicaragua aus exilkubanische Truppen in einer Stärke von ca. 1500 Mann in der Schweinebucht (Playa Girón) an Land, nachdem kurz zuvor Luftattacken auf Havanna und Santiago stattgefunden hatten. Unmittelbares Ziel der »Operation Pluto« war es, einen Stützpunkt auf Kuba zu errichten, die internationale Anerkennung für die Insurgenten zu gewinnen und sodann mit einem erwarteten Aufstand der kubanischen Bevölkerung das Regime Castros zu stürzen.

Binnen 72 Stunden gelang es der Armee und den Milizen Kubas, den Angriff zurückzuschlagen, wobei Fidel Castro persönlich das Kommando führte und selbst in die Kämpfe eingriff. Für das Scheitern der Aktion gab es mehrere Gründe. Präsident Kennedy hatte sie nur halbherzig getragen, fatal wirkte sich insbesondere der Verzicht auf eine direkte amerikanische Luftunterstützung für die Operation aus. Kennedy wollte die USA aus dem Unternehmen heraushalten und sie als innerkubanische Angelegenheit erscheinen lassen. Ferner erwies sich die Landung gerade in der Schweinebucht als ein schwerer Fehler, denn der CIA hätte über seine Kontakte auf der Insel darüber informiert sein müssen, daß Castro kaum eine Gegend auf Kuba so gut vertraut war wie jene um die Playa Girón. Generell aber unterschätzten die Angreifer das kubanische Verteidigungspotential, speziell die kubanische Luftwaffe. Und schließlich blamierte sich vor allem der CIA dadurch, daß er mit einer Massenerhebung der Kubaner gegen Castro rechnete – zu diesem Zeitpunkt war die Loyalität der Menschen gegenüber der Revolution und ihrem Führer ungebrochen.

45 Der Panzer, auf dem Fidel Castro selbst an den Kämpfen teilgenommen haben soll ▶

In einer Rede am Vorabend der Invasion, am 16. April, erklärte Fidel Castro die kubanische Revolution erstmals zu einer Revolution mit »sozialistischem Charakter«, und er schloß mit jenen Worten, die allen Kubanern inzwischen bestens vertraut waren: »Patria o muerte.«

Viel ist spekuliert worden, warum Castro gerade diesen Zeitpunkt für das öffentliche Bekenntnis zum Sozialismus wählte. Wahrscheinlich ist, daß er glaubte, der drohende Angriff des Feindes – den er bei Gelegenheit mit dem japanischen auf Pearl Harbor im Jahre 1941 verglich – mache die kubanische Öffentlichkeit emotional bereit zur Annahme des sozialistischen Weges, der ohnehin ein kubanisch-sozialistischer sein würde, so, wie die Kubaner »ihren« Fidel kannten.

Am Ende gelang es den kubanischen Streitkräften, 1189 Gefangene zu machen. Auf Castros Seite waren 161 Gefallene zu beklagen, die exilkubanischen Aggressoren mit einigen US-Freiwilligen hatten 107 Mann verloren. Rund 20 Monate nach der Schweinebucht-Invasion, zu Weihnachten 1962, ließ Kuba alle Gefangenen in die USA ausreisen – gegen amerikanische Lebensmittel- und Medikamentenlieferungen im Wert von 53 Mio. Dollar.

Zweifellos hatte Castro bei diesem Unternehmen wieder einmal unglaubliches Glück gehabt: Wenige Jahre nach seinem Triumph in der Schweinebucht räumte er ein, daß ein US-Präsident Nixon in der Nachfolge Eisenhowers wahrscheinlich eine tödliche Bedrohung für die Revolution dargestellt hätte, Kennedy jedoch Skrupel gehabt habe, die Konfrontation bis zum Letzten auszureizen. So betrachtet, klingt es durchaus glaubhaft, wenn er von einem Schock berichtet, den er im November 1963 anläßlich der Nachricht von der Ermordung Präsident Kennedys erlitten habe.

Castro nutzte die Invasion zu einer beherzten Konsolidierung seiner Macht im Innern. Rund 100 000 Kubaner wurden mit Beginn der Invasion verhaftet, Personen, die im weitesten Sinne als revolutionskritisch galten. Im Sommer 1961 tat er einen wichtigen Schritt in Richtung auf die Institutionalisierung seiner Macht, indem er mit den ORI, den »Integrierten Revolutionären Organisationen«, eine Sammlungsbewegung der wichtigsten bis dahin bestehenden Revolutionsgruppen schuf. Im Zusammenhang damit verfügte er die Auflösung des M–26–7, des Directorio Revolucionario sowie des PSP. Damit wurden die ORI zu Vorläufern der späteren Kommunistischen Partei Kubas. Zunächst fungierte der Altkommunist Anibal Escalante als Sekretär der ORI, wenig später ersetzte Castro ihn, der in der Bevölkerung wenig populär war und dem der *Comandante* beschied, daß auch »Kommunisten Fehler« machten, durch den einst überzeugten Katholiken Armando Hart.

Den Künstlern und Schriftstellern seines Landes zeigte der *máximo lider* gleichfalls künftige Grenzen ihres Wir-

---

Gleich darauf wendet Castro sich wieder einem der verwirrenden Details zu, auf die er einen großen Teil seiner Zeit zu verschwenden scheint. Diesmal handelt es sich um Uniformen für die Internate im ganzen Land. »Die Unikens auf. In seiner »Rede an die Intellektuellen« vom 28. Juni gab er die Losung aus: »In der Revolution alles, gegen die Revolution nichts.« Konformität und Anpassung an den kubanisch-sozialistischen Revolutionskurs würden künftig Merkmale intellektueller Arbeit sein.

Doch neben der Invasion in der Schweinebucht wird 1961 auf Kuba auch als das »Jahr der Erziehung« in Erinnerung bleiben. Die Revolutionsregierung startete eine für lateinamerikanische Verhältnisse beispiellose Alphabetisierungskampagne, in deren Verlauf Tausende Freiwilliger in die entlegensten Winkel der Insel zogen, um den Armen die grundlegenden Kulturtechniken beizubringen. Neben dem ebenfalls paradigmatischen Aufbau eines kostenlosen Gesundheitswesens war es die elementare Erfahrung einfacher Kubaner, daß sie – des Lesens, Rechnens und Schreibens nun leidlich kundig – grundsätzlich Zugang bekamen zu einer akademischen Ausbildung. Sie erzeugte eine Haltung fortwährender Massenloyalität zu ihrem Comandante, und sie half Fidel Castro, manche Krise zu überstehen. Sie verbraucht sich jedoch zusehends in einem Kuba des beginnenden 21. Jahrhunderts, dessen sehr zahlreiche junge Menschen die Armut und Deklassierung ihrer Eltern- und Großelterngeneration nur noch aus Erzählungen kennen und nun weit stärker von der Glitzerwelt der amerikanischen Konsumgesellschaft vor ihrer Haustür geprägt werden.

Castros Machtzuwachs seit der Playa Girón standen zunehmende Schwierigkeiten in der wirtschaftlichen Entwicklung und im Verhältnis Kubas zur Außenwelt gegenüber.

---

formen wurden nach den Kriterien der Bequemlichkeit und Modernität ausgewählt. Obwohl es stimmt, daß synthetische Materialien heiß sind, haben sie den Vorteil, daß sie nicht leicht verknittern. Das macht die Verwendung von Bügeleisen in den Internaten überflüssig, was wiederum die Wahrscheinlichkeit von Unfällen oder Bränden reduziert.

Alina Fernández aus ihren Erinnerungen

Als Antwort auf wachsende Versorgungsmängel entschloß sich die Regierung im März 1962 zur Rationierung von Lebensmitteln. Eine *libreta*, ein Gutscheinheftchen, regelte künftig den Zugang der Inselbewohner zu vielen Gütern des täglichen Bedarfs. Bis heute ist die *libreta* Synonym für den allgegenwärtigen Mangel auf Kuba geblieben.

Ende Januar 1962 erfolgte der Ausschluß Kubas aus der Organisation Amerikanischer Staaten (OAS) wegen der marxistischen Ausrichtung der kubanischen Revolution. Ein außergewöhnlich erregter Fidel Castro schleuderte der OAS als Antwort vor Hunderttausenden von Menschen die ›2. Erklärung von Havanna‹ entgegen. Dabei rief er aus: »Es ist die Pflicht eines jeden Revolutionärs, die Revolution zu machen ... Die Revolution wird in Amerika triumphieren und in der ganzen Welt. Aber es steht Revolutionären nicht an, an ihren Hauseingängen zu sitzen und darauf zu warten, daß der Leichnam des Imperialismus vorüberzieht.« Um die Isolation Kubas zu perfektionieren, ordnete die Regierung Kennedy am 3. Februar ein totales Handelsembargo gegenüber der Insel an, das wenige Tage später in Kraft trat. Unbemerkt von der Öffentlichkeit bereitete zur selben Zeit der CIA seine präziseste Aktion gegen Castros Kuba seit der Schweinebucht-Invasion vor. »Operation Mongoose« (»Operation Mungo«) umfaßte mit Wissen des Präsidenten zwischen November 1961 und Ende Oktober 1962 sowohl Sabotageakte auf der Insel als auch Mordpläne gegen Castro. Die Leitung des CIA-Vorhabens, das schließlich nach der Raketenkrise des Oktobers 1962 aufgegeben wurde, lag in den Händen von General Edward G. Lansdale, der im vietnamesischen Saigon

---

Ich bin kein Kommunist, sagte Dr. Castro. Nur weil Karl Marx einen Bart hatte und Castro auch einen Bart hat, sollten die Amerikaner keine voreiligen Schlüsse ziehen. Denken Sie dran, der große Abraham Lincoln hatte auch einen Bart.

Castro-Interview nach dem Bombenangriff auf Havanna, 26. Oktober 1959

wesentlich an der Errichtung des Regimes von Ngo Dinh Diem beteiligt gewesen war.

Unterdessen suchte die kubanische Führung ihr Heil in einer immer engeren Anlehnung an die Sowjetunion. Gegenüber einer etwas überraschten Zuhörerschaft erklärte Castro in der berühmt gewordenen Fernsehansprache vom 2. Dezember 1961, er sei seit langem ein Schüler des Marxismus-Leninismus gewesen, nunmehr sei er zu einem besseren Marxisten gereift, der er bis zu seinem Tode auch bleiben wolle.

Raúl Castro in seiner Funktion als Verteidigungsminister verhandelte im Juli 1962 in Moskau über die Lieferung von Rüstungsgütern. Die sowjetische Führung entschloß sich um diese Zeit zu einem folgenreichen Plan: Auf Kuba könnten sowjetische Trägerraketen für atomare Sprengköpfe stationiert werden, die zum einen auf Grund ihrer Nähe zu den USA das atomare Gleichgewicht zwischen den Supermächten zugunsten Moskaus stärken, zum anderen aber Kuba wirksam vor einer neuerlichen Invasion schützen würden. Fidel Castro war anfangs von diesem Vorhaben nicht begeistert, er konnte aber schließlich zur Zustimmung überredet werden. Das war der Beginn der sogenannten Raketen- oder Kubakrise, in deren

Sind wir dabei, den Sozialismus aufzubauen, oder errichten wir Verkaufsstände ... Wir haben hier keine Revolution gemacht, um das Recht zum Geschäftemachen durchzusetzen! Eine solche Revolution fand 1789 (in Frankreich) statt; das war die Ära der bürgerlichen Revolution, es war eine Revolution der Händler, der Bürgerlichen. Wann werden wir endlich verstehen, daß dies eine Revolution von Sozialisten ist, daß dies eine Revolution von Kommunisten ist ..., daß niemand hier gegen die Tyrannei, gegen Händler, gegen Banditen kämpfend sein Blut vergossen hat, um für jemanden das Recht einzuführen, 200 Pesos durch den Verkauf von Rum oder 50 Pesos durch den Verkauf von Spiegeleiern oder Omeletts zu machen ... Klar und entschieden müssen wir deutlich machen, daß wir uns die Eliminierung jeglicher Form privater Geschäftemacherei vorgenommen haben.

Castro in einer Rede Ende März 1968 im Zusammenhang mit der radikalen Verstaatlichungspolitik

Verlauf die Welt am Rande eines thermonuklearen Krieges stand.

Amerikanische Aufklärungsflugzeuge hatten am 14. Oktober 1962 den fotografischen Beweis für die Existenz von Abschußrampen auf Kuba geliefert. Für die USA stellten sowjetische Raketen in ihrer unmittelbaren Nähe eine direkte Bedrohung dar, weshalb die Regierung Kennedy sofort alles daransetzte, den Abbau der Rampen zu erzwingen. Kennedy entschied sich gegen den Rat seiner Militärs für eine Politik der »Quarantäne«, also eine de-facto-Blokkade der kubanischen Häfen, und gegen ein militärisches Eingreifen auf der Insel, zu dem ihn seine Militärs drängten. Eine dramatische Zuspitzung der äußerst gespannten Lage entstand, als im Verlauf der Krise ein Aufklärungsflugzeug der USA über Kuba abgeschossen wurde. Bis heute hält sich die Legende, daß Fidel Castro selbst es gewesen sei, der die Maschine vom Himmel geholt habe. Tatsächlich aber unterstanden die entsprechenden militärischen Einrichtungen auf der Insel sowjetischem Personal, das zum Höhepunkt der Krise auf 40 000 Mann angewachsen war. Durch einen Telegrammwechsel vom 27. und 28. Oktober gelang es schließlich Kennedy und Chruschtschow, die Krise beizulegen. Entscheidend dabei war das Nachgeben Chruschtschows, der in den Abbau der Rampen auf Kuba einwilligte. Unter der Hand machte Kennedy dem Sowjetführer das Zugeständnis, daß entsprechende amerikanische Anlagen in der Osttürkei, also an der Südwestflanke des sowjetischen Imperiums, abgebaut würden. Für seinen sozialistischen Außenposten Kuba handelte der sowjetische Staatschef darüber hinaus das wichtige Ver-

---

Fidel Castro wußte, daß der sowjetische Führer in der Klemme steckte. Er fürchtete auch, daß Fehler gemacht werden könnten, daß es an Entschlossenheit mangeln könnte, etwas, was er schon beobachtet hatte. Deshalb entschloß sich Fidel Castro Chruschtschow eine Vorstellung davon zu geben, was seiner Meinung nach getan werden mußte, falls eine Invasion und ein Versuch zur Besetzung des Landes stattfinden sollte. Er war überzeugt, daß eine Invasion in einen thermonuklearen Krieg umschlagen würde …

sprechen Kennedys aus, künftig würden die USA von jedweder Intervention auf der Insel absehen.

Castro und die kubanische Führung waren in die Einigung der beiden Supermächte nicht einbezogen worden, was der Comandante als Demütigung empfand. Er soll bei Erhalt der Nachricht einen seiner gefürchteten Tobsuchtsanfälle bekommen und einen Spiegel zertrümmert haben. Chruschtschow galt Castro für die nächste Zeit als ausgemachter Schwächling, und kubanische Studenten skandierten in Anspielung auf die abzubauenden Raketenbasen öffentlich: »*Nikita, Nikita, lo que se da no se quita*« – etwa: »*Nikita, Nikita, wieder holen ist gestohlen.*«

Heute kann kein Zweifel mehr daran bestehen, daß Castro während der Krise bereit gewesen war, bis zum Äußersten zu gehen, das heißt, er drängte die sowjetische Führung zum Einsatz der Atomwaffen für den Fall, daß es zu einer militärischen Aktion der USA gegen Kuba gekommen wäre. Castro führte während der Krise eine Korrespondenz mit Chruschtschow und in seinem abschließenden Schreiben heißt es unter anderem: »Meiner Meinung nach darf man im Fall einer entfesselten Aggression dem Aggressor nicht das Privileg der Entscheidung zugestehen, überdies nicht, wenn es um den Einsatz der Nuklearwaffe geht … Und ich, ich habe Ihnen, Genosse Chruschtschow, nicht suggeriert, daß die UdSSR der Aggressor gewesen sei, denn dies wäre von meiner Seite aus mehr als unkorrekt, nämlich unmoralisch und unwürdig gewesen. Aber ich habe vorgeschlagen, daß, wenn der Imperialismus Kuba und die militärischen Kräfte der UdSSR, die auf Kuba stationiert und dazu bestimmt sind, unserer Verteidigung

Fidel Castro war sich des Fehlers bewußt, den die Sowjets gemacht hatten, als die Nazis im Zweiten Weltkrieg angriffen und sie mit heruntergelassenen Hosen erwischt hatten.

Carlos Lechuga, Kubas Botschafter bei der UNO während der Raketenkrise 1962, rückblickend über Castros Rückendeckung für Chruschtschow

im Falle eines äußeren Angriffes zu helfen, angreifen würde, und somit zum Aggressor Kubas und der UdSSR werden würde, daß man dann mit einem Schlag, der zu seiner Vernichtung fähig ist, antwortet.« Auch von Che Guevara ist aus den Tagen der Raketenkrise eine – wenig bekannte – Äußerung überliefert, die deutlich macht, daß der heute mehr denn je romantisierte Revolutionär den Tod unzähliger Menschen in Kauf zu nehmen bereit war. Auf einem Flugblatt eiferte er: »Es ist das fiebererregende Beispiel eines Volkes, das bereit ist, sich im Atomkrieg zu opfern, damit noch seine Asche als Zement diene für eine neue Gesellschaft … Woran wir festhalten, ist, daß wir auf dem Weg der Befreiung bleiben müssen, selbst wenn er durch einen Atomkrieg Millionen Opfer kostet …«

Die neue Gesellschaft – der »neue Mensch«. Diesem Ziel verschrieb sich die kubanische Revolution nach dem Ende der Krise für mehrere Jahre, in der sie sich vorübergehend von der Sowjetunion entfremdete und sich in der gesamten westlichen Hemisphäre isoliert sah. Insbesondere Che Guevara gab sich dem Ideal des »neuen Menschen« hin, den es auf Kuba zu kreieren galt und der dereinst als Vorbild die kubanische Revolution in die gesamte Dritte Welt tragen sollte. Voluntaristisch gingen er, Fidel Castro und andere Führer der Revolution daran, den Sozialismus auf der Grundlage eines vom Egoismus befreiten Menschenbildes aufzubauen. Nicht nur sollten materielle Leistungsanreize als Arbeitsmotivation verblassen, auch an die Abschaffung des Geldes auf Kuba wurde zeitweilig ernsthaft gedacht. Che Guevara wie auch Castro selbst lebten diesen Voluntarismus glaubwürdig vor, indem sie zum Bei-

46 Che Guevara bei der Zuckerrohrernte ▶

spiel häufig an freiwilligen Arbeitseinsätzen teilnahmen. Im Jahre 1963 erhöhte die Revolutionsführung das Tempo der Umgestaltung durch eine zweite Agrarreform, die nun auch allen Besitz enteignete, der 67 ha überstieg.

Institutionell trieb Castro die sozialistische Ausrichtung Kubas auch dadurch voran, daß er am 1. Oktober 1965 den PCC, die Kommunistische Partei Kubas, ins Leben rief und sich selbst als Ersten Sekretär bestallen ließ. Noch im Oktober verfügte er einen weiteren wichtigen Schritt auf dem Weg zu einem sozialistischen Kuba: Die Zeitung des PSP, ›Hoy‹, sowie das Blatt ›Revolución‹ des begnadeten Journalisten und treuen Gefährten Castros, Carlos Franqui, wurden zusammengelegt und erscheinen bis zum heutigen Tag als ›Granma‹, benannt nach dem Schiff, mit dem die revolutionäre Kerntruppe 1956 aus Mexiko kommend auf Kuba landete. Die ›Granma‹ darf als »Amtsblatt der kubanischen Revolution« (Skierka) gelten, Carlos Franqui verließ verbittert die Insel in Richtung Europa.

Zu dieser Zeit hatte sich das Verhältnis Kubas zur Sowjetunion zunächst wieder verbessert, insbesondere als

Ergebnis einer ausgedehnten Reise des *máximo lider* durch die gesamte Sowjetunion Anfang 1963. Über das Verhältnis der kubanischen Revolution zur UdSSR sollte es aber auch zu Spannungen innerhalb der Revolutionsführung kommen. Che Guevara sah die Sowjetunion zunehmend kritisch, vor allem ihren Bürokratismus beargwöhnte er immer mehr. Die sowjetische Führung ihrerseits traute Guevaras Aktionismus nicht, der sich neuen Betätigungsfeldern außerhalb Kubas zuzuwenden drohte. Moskau war zu dieser Zeit nicht an neuen Spannungen mit den USA wegen eines kubanischen Revolutionsexports interessiert, zumal den Sowjets der ideologische Bruch mit der Volksrepublik China im Jahre 1964 genug zu schaffen machte.

Die Gründe für Guevaras Entscheidung aus dem Jahre 1965, von allen außerordentlich einflußreichen Ämtern – er galt als eine Art Superminister Kubas – zurückzutreten und in den Kongo zu gehen, um die Revolution dorthin zu verpflanzen, sind bis heute nicht geklärt. Auf der Gründungsveranstaltung für den PCC – der erste ordentliche Parteikongreß sollte indes noch zehn Jahre auf sich warten lassen – verlas Castro am 3. Oktober den Abschiedsbrief Guevaras vor Hunderttausenden von Zuhörern. In dem Brief erklärte Guevara Castro zufolge lapidar: »Andere Völker der Welt verlangen nach meinen bescheidenen Bemühungen.« Vor allem auf Grund der Erfahrungen in der Sierra Maestra hatte Guevara seine »Fokus-Theorie« der Revolution entwickelt, die er in Afrika zur Anwendung bringen wollte: Danach müsse die Guerilla einen Fokus, einen revolutionären Brennpunkt schaffen, von dem aus die Revolutionierung einer Gesellschaft vorangetrieben

Es gibt nichts Anti-Marxistischeres als ein Dogma, es gibt nichts Anti-Marxistischeres als die Versteinerung von Gedanken. Und da werden im Namen des Marxismus sogar Vorstellungen durchgesetzt, welche offenwerden könne. Das widersprach in der Tat dem starren sowjetischen Revolutionsverständnis, dem zufolge in einem Land zunächst objektiv revolutionäre Verhältnisse heranreifen und die dann unter der Führung der jeweiligen Kommunistischen Partei quasi naturgesetzlich zur revolutionären Umwälzung führen mußten. Che Guevara erlebte indes im Kongo ein Fiasko. Ernüchtert kehrte er noch einmal nach Kuba zurück, um anschließend nach Bolivien zu gehen und dort die Revolution zu entfachen. 1967 wurde er in Bolivien ermordet, seine sterblichen Überreste ruhen heute in einem Denkmal auf Kuba.

Nicht ungeschickt versuchte Castro den Bruderzwist zwischen Moskau und Peking um die reine Lehre des Sozialismus für sich und sein Land auszunutzen, das eine Lager gegen das andere auszuspielen. Am Ende zählten jedoch die harten ökonomischen Fakten: Die Sowjetunion und nicht die VR China garantierte die Abnahme des weitaus größten Teils der kubanischen Zuckerernte. Als 1966 in Havanna die Trikontinentale, das Bündnis der Befreiungsbewegungen aus Ländern Asiens, Afrikas und Lateinamerikas aus der Taufe gehoben wurde, war dies denn auch mehr ein Symbol für Kubas Bestreben, sich selbst zu profilieren und die Revolution nach außen zu tragen, als ein Bekenntnis zu Moskau oder Peking.

Der Kreml hatte wenig Freude an seinem eigensinnigen Partner in der Karibik. Ende Januar 1968 lieferte Castro gegenüber der UdSSR einen weiteren Beweis seines caudillistischen Individualismus ab: Auf seinen Befehl hin wurden 37 Mitglieder einer angeblich pro-sowjetischen »Mikrofraktion« innerhalb des PCC verhaftet, allen voran

kundig echte Fossile sind … Der Marxismus muß sich entwickeln, eine gewisse Sklerose überwinden, die Realitäten der Gegenwart in einer objektiven und wissenschaftlichen Weise auswerten, sich wie eine revolutionäre Kraft und nicht wie eine pseudorevolutionäre Kirche geben.

Im Januar 1968 bei einer Rede in Anwesenheit solch bedeutender Intellektueller wie Jean-Paul Sartre und Bertrand Russell der kommunistische Veteran Anibal Escalante. Raúl Castro warf den Beschuldigten in einer Rede vor, zusammen mit Kommunisten der KPdSU, der ostdeutschen SED sowie der tschechoslowakischen KPC gegen die kubanische Parteiführung gearbeitet zu haben.

Doch im August 1968 deutete der *máximo lider* – den Niedergang der kubanischen Wirtschaft fest im Blick – eine Wiederannäherung an die sozialistische Staatenwelt an. Zwei Tage nach dem Einmarsch von Truppen des Warschauer Pakts in die Tschechoslowakei hielt er am 23. des Monats eine gewundene Ansprache des Inhalts, daß zwar durch diese Aktion die Souveränität der ČSSR verletzt worden, sie aber letztlich gerechtfertigt sei.

Klare Zeichen für eine Entwicklung in Richtung auf einen Sozialismus sowjetischer Prägung in der Wirtschaft setzte er dadurch, daß nun auch letzte Reste von Privateigentum im Kleinhandel und in der Gastronomie beseitigt wurden. Endgültig auf sowjetischen Kurs zwang ihn jedoch eine selbst gestellte Falle: Alle wirtschaftlichen Ressourcen des Landes hatte er auf die von ihm immer wieder beschworene Rekordzuckerernte von 10 Mio. Tonnen für das Jahr 1970 konzentriert. Als die Ernte dann aber nur 8,5 Mio. Tonnen erbrachte – für sich genommen ein überaus respektables Ergebnis –, mußte er in einer Rede an das Volk, die ihm einem Offenbarungseid gleichgekommen sein muß, das Scheitern des voluntaristischen Wirtschaftsexperiments eingestehen. Die Ökonomie lag völlig erschöpft am Boden, die Rettung schien allein noch in der bedingungslosen Hinwendung zur Sowjetunion und ihren Verbündeten zu liegen.

Comandante der institutionalisierten Revolution

Auch wenn sie nicht eigentlich Gegner Fidel Castros sind, meinen doch nicht wenige Kubaner, daß die frühen siebziger Jahre die geeignete Zeit für einen ehrenvollen Abgang des Comandante von der politischen Bühne der Insel gewesen wäre. Dafür spricht, daß damals die »romantische Phase« der Revolution definitiv endete und eine Periode enger Anpassung an die Sowjetunion begann, verbunden mit einer Sowjetisierung des gesellschaftlichen und wirtschaftlichen Lebens auf Kuba. Sie wird häufig auch als »graue« Zeit bezeichnet, als eine Phase geistiger Ödnis. Bis weit in die achtziger Jahre hinein erlebte Kuba unter Castro jedoch auch eine Periode des wirtschaftlichen Aufschwungs, die vielleicht ein wenig unspektakulär das Verbleiben des *máximo lider* an den Schalthebeln der Macht zu erklären vermag. Er selbst jedenfalls ließ keinerlei Anzeichen von Amtsmüdigkeit erkennen. Was den real

47 Fidel Castro und Salvador Allende im November 1971

existierenden Sozialismus auf Kuba von jenem in den Staaten Osteuropas unterschied, war die persönliche Note, mit der Castro ihn prägte. Spontaneität und ein spezifischer Paternalismus zählten wesentlich dazu. Immer noch war es durchaus üblich, daß Castro plötzlich irgendwo unangemeldet auftauchte, an einem Basketballspiel teilnahm oder der Einweihung einer neuen Schule beiwohnte. Er war eben überall, vielleicht eine Art kollektives Über-Ich aller Kubaner. Es stellte ein Charakteristikum Kubas dar, das nicht zuletzt auf seine Insellage und seine Überschaubarkeit zurückzuführen war. Sind Spontaneität und Paternalismus auch Wesensmerkmale, die auf Anhieb sympathisch und menschlich berühren, konnte der Comandante aber sehr wohl auch diktatoriale und ängstigende Züge an den Tag legen. Im März 1971 war es mit großer Wahrscheinlichkeit Castro selbst, der die Verhaftung des international renommierten Dichters Heberto Padilla veranlaßte. Der Arrest kennzeichnete die ideologische Enge im geistigen Leben Kubas jener Zeit, die nur noch gelten ließ, was dem kubanischen Sozialismus frommte. Proteste von Sartre und García Márquez' führten zwar zur baldigen Freilassung Padillas, doch bedeuteten sie kein Ende der Gängelung kritischer Intellektueller. Darüber hinaus gerieten auch Homosexuelle ins Fadenkreuz der revolutionären Tugendwächter, die ihr Ver-

48 Fidel Castro beim Baseball

(Benigno) erzählt auch von merkwürdigen Sicherheitsvorkehrungen, die Fidels Besuch einer beliebigen Arbeitsstelle vorausgehen: »Die erste Aufgabe des Geheimdienstes bestand darin, die Akten zu prüfen und festzustellen, welche Mitarbeiter eines bestimmten Betriebes nicht zu den Unterstützern des revolutionären Prozesses gehören. Diesen Leuten wurde am Tag des Besuchs freigegeben. Ihre Arbeitsplätze und Spinde wurden nach Gegenständen abgesucht, die eventuell einer Sabotage oder einem Mordanschlag dienen könnten … Das war Teil der alltäglichen Routine. So sehr, daß manche Arbeiter zu ihren Vorgesetzten gingen, wenn sie von einem bevorstehenden Besuch Fidels erfahren hatten, und fragten: ›Was ist: Soll ich morgen kommen oder nicht?‹«
Skierka, ›Fidel Castro‹, 254

folgungshandwerk mit ausdrücklicher Billigung des Comandante ausübten, auch wenn der es später wider besseren Wissens abstritt.

Nach dem Drama um die Gran Zafra, die verfehlte Rekordzuckerernte von 1970, schlug Fidel in wirtschaftspolitischer Hinsicht einen streng planwirtschaftlichen Kurs nach sowjetischem Vorbild ein. Löhne orientierten sich nun teilweise wieder an der Leistung – ein neuer Realismus, eine neue Pragmatik bestimmte fortab die wirtschaftlichen Aktivitäten. Und dies nicht ohne Erfolg: Das Jahr 1974 bescherte Kuba erstmals seit der Revolution wieder eine positive Außenhandelsbilanz, der Zuckeranteil am Gesamtexport konnte von 90 % im Jahre 1975 auf 65 % zehn Jahre später gedrückt werden. Dennoch blieb der Zucker die Achillesferse der kubanischen Wirtschaft. Es entsprach durchaus auch der Hinwendung Castros zum sowjetischen Modell, daß er – hierin zaghaften Reformen Bresch-

Die 10-Millionen-Tonnen-Ernte verkörpert weit mehr als Tonnen Zucker, weit mehr als einen wirtschaftlichen Sieg … Es ist ein Test, eine moralische Verpflichtung für dieses Land. (Daher) können wir nicht ein einziges Gramm hinter diesen zehn Millionen zurückbleiben … Nur ein Pfund hinter den zehn Millionen Tonnen – wir erklären dies vor aller Welt – wäre eine Niederlage, kein Sieg.
Castro laut ›Granma‹ im Oktober 1969
über die 10-Millionen-Tonnen-Zuckerernte 1970

news in der UdSSR folgend – im Jahr 1980 freie Bauernmärkte zuzulassen begann. Sie trugen für einige Zeit zur Entspannung der Versorgungslage vor allem bei landwirtschaftlichen Produkten bei.

Während einer zweimonatigen Reise in die Sowjetunion, sämtliche sozialistische Staaten Osteuropas – ausgenommen das Peking-orientierte Albanien – sowie Afrikas im Jahre 1972 fügte Castro sein Land in das System der internationalen sozialistischen Arbeitsteilung ein. Kuba wurde Mitglied im COMECON, der Wirtschaftsgemeinschaft der sozialistischen Staatenwelt. Im Grunde sah sich die kubanische Wirtschaft seither durch die Sowjetunion extrem subventioniert: Die UdSSR nahm kubanischen Zucker in gewaltigen Mengen zu weit über dem Weltmarktniveau liegenden Preisen ab und lieferte darüber hinaus Öl zu Preisen, die jene des Weltmarktes deutlich unterschritten. Daraus resultierte eine enorme kubanische Verschuldung gegenüber der Sowjetunion und anderen COMECON-Staaten. Nach dem Ende der DDR gingen deren Forderungen auf die Bundesrepublik Deutschland über, die ehemals sowjetischen sind immer noch Verhandlungsgegenstand zwischen Rußland und Havanna. Castro hatte im übrigen die DDR stets besonders bewundert: Er sah das Land auf Grund seiner geographischen Lage in einer ganz ähnlichen Frontstellung gegenüber dem »Imperialismus« wie Kuba. Wichtigster Partner innerhalb der COMECON-Staaten neben der UdSSR war jedoch die Tschechoslowakei, die recht bald nach der Machtübernahme der Revolutionäre im Jahre 1959 Waffen an Havanna lieferte und mit der Ausbildung von kubanischen Kampfpiloten begann. Wäh-

Als Symbol unverbrüchlicher Freundschaft und Kampfverbundenheit überreichte Fidel Castro Erich Honecker nach der Unterzeichnung des Communiqués eine Karte der Republik Kuba. Sie zeigt eine Insel mit dem Namen »Ernst Thälmann«. Der südliche Teil der »Ernst-Thälmann«-Insel trägt den Namen »Strand der DDR«. Fidel Castro und Erich Honecker umarmten sich.

Report ›Castro Tours East Germany‹, ADN-Meldung, 19. Juni 1972 rend seines Besuches in Prag im Jahre 1972 empfing Castro die Ehrendoktorwürde der Karls-Universität. Hier unterlief ihm in seiner Dankesrede ein bemerkenswerter Lapsus, als er erklärte, das Moncada-Programm von 1953 sei noch nicht sozialistisch gewesen, obwohl er 1961 daheim in Kuba die gesamte Revolution als sozialistisch ihrem Charakter nach deklariert hatte. Jenseits der tschechischen Nordgrenze, in Polen, besuchte Castro auch das Vernichtungslager Auschwitz-Birkenau. Dem Gästebuch widmete er seine folgende Überzeugung: »Kapitalistische und imperialistische Ideologien waren in der Lage, solche Extreme zu erreichen … Was ich heute gesehen habe, erinnert mich an das, was die Yankees derzeit in Vietnam machen.«

Im Dezember 1975 hielt die bereits seit zehn Jahren existierende Kommunistische Partei Kubas ihren ersten Parteitag ab. Er bedeutete einen wichtigen Schritt auf dem Weg der sich institutionalisierenden, sich zugleich auch versteinernden Revolution. Mit dem Blick auf den gescheiterten Voluntarismus nutzte Fidel Castro die Gelegenheit des Parteitags auch zu einer beachtlichen Selbstkritik. So führte er etwa aus: »Revolutionen durchlaufen meist utopische Perioden, in deren Verlauf ihre Protagonisten glauben, daß historische Ziele schnell verwirklicht werden können und daß der Wille, die Absichten und die Wünsche der Menschen unabhängig von den objektiven Bedingungen alles vollbringen können. Manchmal werden solche utopischen Meinungen von einer Verachtung gegenüber den von anderen gemachten Erfahrungen begleitet. Die kubanische Revolution hatte von Anfang an darauf verzichtet, aus den reichen Erfahrungen anderer Völker zu

Die Zehn-Millionen-Tonnen-Schlacht ist nicht durch das Volk verloren worden: Es sind wir, der Verwaltungsapparat, die Führer der Revolution, die sie verloren … Die längste Zeit verfielen wir in den Fehler, die Komplexität der Probleme, mit denen wir konfrontiert sind, kleinzureden … Es gibt Genossen, die sind müde, ausgebrannt; sie haben ihre Energie verloren, sie können nicht länger die Last auf ihren Schultern tragen.

Castro in einer Rede zum Moncada-Überfall, 26. Juli 1970

lernen, die mit dem Aufbau des Sozialismus seit langem begonnen hatten. Wären wir weniger eingebildet gewesen, so hätten wir begriffen, daß die revolutionäre Theorie in unserem Lande nicht voll entwickelt war und daß es uns an geschulten Ökonomen und marxistischen Wissenschaftlern fehlte, die allein in der Lage gewesen wären, wesentliche Beiträge zur Theorie und Praxis des Sozialismus zu leisten.«

Nach osteuropäischem Vorbild wurde der KP eine Reihe von gleichgeschalteten Massenorganisationen angegliedert. Zu ihnen gehörten die Gewerkschaftsbewegung, ein Jugend- sowie der Bauernverband. Ihre Funktion bestand künftig in der Weiterleitung und in der Umsetzung von Parteibeschlüssen in allen Sektoren der Gesellschaft gemäß der geläufigen Metapher vom Transmissionsriemen. Als »Augen und Ohren der Revolution« dienten fortab die »Revolutionären Verteidigungskomitees«. Ihre Bedeutung für Information und Überwachung wird deutlich, wenn man bedenkt, daß etwa die Hälfte aller Kubaner dem CDR angehörte.

Recht genau ein Jahr nach dem Parteitag fand der Prozeß der Institutionalisierung der kubanischen Revolution nach eigenem Bekunden Fidel Castros sein vorläufiges Ende. Im Dezember 1976 wählte ihn die Nationalversammlung auf Grund einer neuen Verfassung zum Vorsitzenden des Staatsrates. Da die Verfassung zugleich die Kommunistische Partei zur führenden Kraft der Gesellschaft erklärt, diese von Castro als ihrem Ersten Sekretär und Vorsitzenden des Politbüros geführt wurde, vereinte der Comandante nunmehr alle entscheidenden Exekutivfunktionen

---

Die Teilnehmer einer solchen Runde eilten in sein Büro und hörten zu, während er ihnen eine bestimmte Angelegenheit auseinandersetzte. Dann äußerte einer nach dem anderen seine Meinung, »während Fidel über seinen Bart strich und sie sehr aufmerksam ansah«. Zum Schluß wurde abgestimmt, »und wenn alle dachten, die Mehrheit habe dieses oder jenes beschlossen, stand Fidel auf und schloß die Sitzung – im Politbüro, im Staatsrat und im Zentralkomitee, denn er ist schließlich Vorsitzender in seiner Hand, denn als Staatsratsvorsitzender war er zugleich Präsident Kubas – und damit Nachfolger von Osvaldo Dortico – sowie Oberbefehlshaber der Streitkräfte. Stellvertreter Fidels in allen genannten Funktionen wurde sein Bruder Raúl.

Die Verfassung ersetzte ein Grundgesetz vom Februar 1959, also aus der Frühphase der revolutionären Machtausübung. Als neues Element schuf sie den *poder popular*, die »Volksmacht«. Nach osteuropäischem Muster stellte sie auf lokaler, regionaler und nationaler Ebene scheinparlamentarische Gremien dar, die in praxi allesamt von der KP kontrolliert wurden. Ihr Charakteristikum bildete insbesondere die Einheit der staatlichen Gewalten – Exekutive, Legislative und Judikative waren künftig nicht mehr getrennt. Zwar sah die neue Verfassung Wahlen auf Kuba vor, doch mußten sich Nicht-KP-Kandidaten des ausdrücklichen Vertrauens des PCC versichern. Eine echte und wirksame Opposition galt daher von vornherein als ausgeschlossen.

Die Zahl der während der Revolution getöteten und inhaftierten Personen ist nur schwer zu ermitteln. In einem Gespräch mit dem amerikanischen Journalisten Lee Lockwood gab Castro die Zahl der politischen Gefangenen für das Jahr 1965 mit 20 000 an. Die Gesamtzahl der Hinrichtungen lag Anfang 1961 wahrscheinlich bei 2000, bis 1970 erreichte sie etwa 5000. Waren die Exekutionen der Jahre 1960–1961 noch durch die ständige Invasionsgefahr aus den USA zu erklären, verlor dieses Argument nach der Beilegung der Raketenkrise Ende Oktober 1962 stark an Überzeugungskraft. Was blieb, war lediglich der absolute

aller drei Institutionen. Und dann begriffen alle, daß die Konferenz im Grunde für nichts stattgefunden hatte. Denn in Fidels Schlußworten fand die vorhergehende Diskussion keinen Widerhall. Er verteilte anschließend die Aufgaben nach seiner Sicht der Dinge, und jeder verließ die Sitzung mit einiger Erleichterung, weil die Verantwortung für diese Schritte nicht mehr bei ihm selbst lag, sondern bei Fidel.

Benigno über Besprechungen Castros mit seinen Mitarbeitern

Herrschaftsanspruch Fidel Castros und der Revolutionsführung.

Anfang 1969 veröffentlichte ein spanischer Diplomat auf Kuba, der Zugang zu Friedhofsstatistiken hatte, eigene Schätzungen. Danach waren 22 000 Kubaner getötet worden oder aber im Gefängnis verstorben, 2000 auf der Flucht in die USA ertrunken. Zur Zeit der Veröffentlichung dieser Angaben befanden sich ferner 24 000 Personen in Konzentrationslagern, 7000 in Haft, 7200 in »Straffarmen« und über 17 200 in Gewahrsam der Sicherheitspolizei.

Die Revolution institutionalisiert, die politische Macht fest im Griff und die Wirtschaft in den trügerisch sicheren Schoß der sozialistischen Staatengemeinschaft gebettet, wandte sich Castro in der zweiten Hälfte der siebziger Jahre mit Verve dem Projekt eines kubanischen Internationalismus zu. Auf außenpolitischem Gebiet konnte er eigene Statur innerhalb des sozialistischen Lagers gewinnen, dabei weithin frei von Befürchtungen hinsichtlich eines möglichen Angriffs der USA. Es begann Fidel Castros große Zeit.

Auf dem Weg zum Führer der Dritten Welt

Der Putsch des portugiesischen Militärs gegen die Diktatur von Präsident Caetano in Lissabon im April 1974 bot Castro eine einmalige Gelegenheit, Kubas Engagement auf der Seite der Dritten Welt entscheidend zu verstärken. Denn die portugiesische Revolution war ausdrücklich auch mit dem Ziel ausgelöst worden, die blutigen Kolonialkriege des kleinen Landes in Übersee, vor allem aber in Angola und Moçambique zu beenden und die sogenannten portugiesischen Überseeprovinzen schnellstmöglich in die Unabhängigkeit zu entlassen.

Bereits seit 1965 waren auf Veranlassung Che Guevaras kubanische Militärberater auf der Seite der marxistischen Befreiungsbewegung Angolas, der MPLA, tätig. Nun, zehn Jahre später, bereitete sich die MPLA auf die Regierungsübernahme zusammen mit den nicht-marxistischen Befrei-

49 Ein Junge in Luanda, Angola, putzt die Stiefel eines kubanischen Soldaten

Wir sind eine latein-afrikanische Nation ... Afrikanisches Blut fließt durch unsere Adern ... In Erfüllung unserer Pflichten, die sich aus unseren Prinzipien, unserer Ideologie, unseren Überzeugungen und unserem eigenen Blut ableiten, sind wir verpflichtet, Angola und Afrika zu verteidigen.

Castro über seinen Entschluß, kubanische Soldaten nach Angola zu entsenden

ungsbewegungen UNITA und FNLA vor. Wenige Wochen vor dem 11. November 1975, an dem die Portugiesen die angolanische Hauptstadt Luanda für immer verlassen würden, rückten relativ leicht bewaffnete südafrikanische Truppenverbände in den Süden Angolas ein. Mit Unterstützung der USA beabsichtigten sie, die MPLA von der Macht in Luanda zu verdrängen, von der sie annehmen mußten, daß sie künftig die SWAPO-Freiheitskämpfer in dem von Südafrika besetzten Südwestafrika (heute Namibia) unterstützen würden. Mit dem Abzug der Portugiesen begann ein weltweites Ringen um Einfluß in Angola: China und die USA stützten zumindest zeitweilig UNITA und FNLA, die Sowjetunion griff mit Waffen und Logistik der MPLA unter die Arme. Fidel Castro entschied sich aus eigenem Entschluß, dem Hilfeersuchen von MPLA-Chef Agostinho Neto nachzukommen und Anfang November 1975 18 000 kubanische Soldaten in das südwestafrikanische Land zu verlegen, die den Kampf mit den Südafrikanern aufnehmen sollten.

Sicher spielte für diese Maßnahme Castros internationalistisches Revolutionsverständnis eine wichtige Rolle, sie mochte wohl aber auch mit Blick auf die reichen Ölvorkommen Angolas getroffen worden sein. Kuba war immer extrem verwundbar in seiner Energieversorgung, drastisch deutlich wurde dies, seit es fast vollständig von sowjetischen Lieferungen abhängig geworden war. Möglicherweise diente das Angola-Unternehmen auch der rassischen Integration Kubas: Das überwiegend weiße revolutionäre Establishment entsandte schwarze Kämpfer nach Schwarzafrika, um die fragile Freiheit Angolas zu schützen. Wohl

Castros Stil ist nach so viel pädagogischer Redearbeit kompakter geworden. Nie hat er die Pappmaché-Parolen kommunistischer Scholastik nachgebetet oder den ritualisierten Jargon des Systems benutzt: eine fossile Sprache, die seit langem die Verbindung zur Wirklichkeit verloren hat und die ... eher dem Bemänteln als dem Enthüllen zu dienen scheint. Fidel Castro ist der Antidogmatiker par excellence, seine kreative Imagination kreist ständig über den Abgründen der Häresie. Selten zitiert er fremde Sätze, nicht zufällig erhielt das Unternehmen den Namen »Operation Carlota«, nach einer schwarzen kubanischen Sklavin, die im November 1843 ihr Leben für einen Aufstand geopfert hatte.

Schließlich bot Angola Castro die Chance, seinem Ruf totaler Moskauhörigkeit entgegenzutreten. Auf dem Gipfeltreffen der Blockfreien 1973 in Algier war sogar erwogen worden, Kuba wegen seiner engen Bindung an die UdSSR aus der Bewegung auszuschließen – Libyens Revolutionsführer Kadhafi zählte damals zu den schärfsten Kritikern Kubas.

Und die kubanischen Soldaten errangen einen großen Erfolg in Angola: Es gelang ihnen, die unzureichend ausgerüsteten Südafrikaner zum Rückzug zu zwingen und damit den scheinbar unbesiegbaren Weißen am Kap eine schwere Blamage zuzufügen.

Neto gewann mit sowjetischer und kubanischer Hilfe die Regierungsmacht in Luanda. Castro verglich ihn einmal mit José Martí und nannte ihn einen der größten Revolutionäre aller Zeiten. Sein eigenes Ansehen stieg in bis dahin kaum gekannte Höhen, und er feierte einen wahren Triumph, als die Blockfreienkonferenz des Jahres 1976 in Sri Lanka Havanna zum Schauplatz des nächsten Treffens der Bewegung im Jahre 1979 erklärte. Damit wurde Fidel Castro zugleich auch Vorsitzender der Bewegung in den nächsten drei Jahren.

Für mehr als ein Jahrzehnt sollte Angola die Basis weiterer kubanischer Aktivität in Afrika werden. Castro startete ein umfassendes Ausbildungsprogramm für Afrikaner verschiedener Staaten, die in Kuba unterrichtet wurden.

---

weder im Gespräch noch auf der Tribüne, außer denen von José Martí, seinem Lieblingsautor. Er kennt die 28 Bände von Martís Werk gründlich und hat die Gabe, dessen Gedankenwelt in den Blutstrom einer marxistischen Revolution einfließen zu lassen.

Gabriel García Márquez, ›Mein Freund Castro«,
in: ›Die Zeit Magazin‹, 25. Juli 1997

Dabei ging es weniger um eine marxistische Indoktrination der jungen Menschen als um Sympathiewerbung für Kuba und seinen karibischen Sozialismus. Das Land mit seinen teilweise afrikanischen Wurzeln präsentierte sich als natürlicher Verbündeter der ehemaligen europäischen Kolonien jenseits des Atlantiks. Von einem Vertreter des kubanischen Außenministeriums ist ein knappes »Natürlich!« auf die Frage überliefert, ob die Ausbildungsprogramme nicht auch dazu dienten, sowjetischen Einfluß zugunsten des kubanischen in Afrika zurückzudrängen.

Andernorts in Afrika arbeiteten Kubaner und Sowjets jedoch eng zusammen. So entsandte Castro Anfang 1978 knapp 20 000 Soldaten zur Unterstützung des äthiopischen Staatschefs Mengistu Haile Mariam, der sich einer Invasion somalischer Truppen in der Provinz Ogaden erwehren mußte. Unter Mengistu war Äthiopien ein enger Alliierter der Sowjetunion am Horn von Afrika geworden. Militärischer Held der Kubaner im Ogaden wurde General Arnaldo Ochoa Sanchez, ein persönlicher Vertrauter Castros und Jahre später sein Todfeind. Im Ogaden jedenfalls schlug Ochoa – nach dem Urteil Norberto Fuentes, eines kubanischen Revolutionsveteranen und heutigen Feindes von Castro – die »aufwendigste Panzerschlacht seit dem Kursker Bogen« im Russland des Jahres 1943. Mag dieses Urteil auch ein wenig unbescheiden sein – Äthiopien bedeutete noch einmal einen Erfolg Fidels auf afrikanischen Schlachtfeldern. In der Diplomatie war das Echo weniger erfreulich. Nicht wenige afrikanische Staatsmänner bezweifelten Castros Blockfreiheit, hatten seine Truppen doch mit Somalia ein souveränes Mitglied der Organi-

---

Doch Ochoas Aufstieg war steiler als der Benignos. Von seinem Posten als Fidels Sicherheitschef aus konnte Benigno gut beobachten, wie der Kommandant aller kubanischen Truppen in Angola dort praktisch die Rolle eines Prokonsuls übernahm. Ochoa durfte das Büro des Caballo regelmäßig ohne Voranmeldung betreten und mußte auch die offizielle Röntgenmaschine nicht passieren. Einmal, erzählt Benigno, hörte er Ochoa nach einer Besprechung auf seine gewohnte Art sorglos witzeln: »Also werde sation Afrikanischer Staaten an der Seite der Großmacht Sowjetunion bekämpft. Stimmen wurden laut, die dazu aufriefen, die Blockfreienkonferenz 1979 nicht in Havanna stattfinden zu lassen. Sie fand jedoch dort statt – sie hätte es vielleicht nicht getan, wenn die Sowjetunion früher als im Dezember 1979 in Afghanistan einmarschiert wäre. Ungeniert stellte Castro sich hinter diese der Breschnew-Doktrin folgenden Operation und untergrub damit seinen Ruf als Sachwalter der Dritten Welt. Zum Zeitpunkt der Blockfreien-Konferenz in Havanna im September 1979 hatten jedoch Ereignisse in der westlichen Hemisphäre Castro geholfen, sein äthiopisches Abenteuer ein wenig vergessen zu machen. Im März des Jahres war auf der Karibikinsel Grenada mit Maurice Bishop ein Freund der kubanischen Revolution an die Macht gekommen. Castro ließ umgehend Ärzte, Militärexperten und technisches Hilfspersonal zur Unterstützung nach Grenada fliegen. Mit Michael Manley regierte ferner auf Jamaica in Castros nächster Nachbarschaft ein enger Sympathisant Kubas. Und schließlich gelang es im Juli 1979 den Sandinisten Nicaraguas mit Waffengewalt die despotische Herrschaft von Anastasio Somoza zu stürzen und ein sozialrevolutionäres Regime zu errichten. Interessanterweise hatte Kuba so gut wie keine entscheidende Hilfe zum Sieg der Sandinisten beigesteuert. Castro mahnte die neuen Herrscher in Nicaragua zu einem unprovokativen Umgang mit den USA und empfahl ihnen darüber hinaus, die Verstaatlichung von Firmen im Lande nicht überstürzt anzugehen.

Die Konferenz der Blockfreien in Havanna erlebte dann einen Fidel Castro, der sich ein wenig im Glanz der nica-

ich jetzt zum Al Capone von Kuba!« Fidel befahl ihm, weniger vorlaut zu sein.

Benigno über die Ochoa-Affäre

raguanischen Ereignisse sonnen konnte, der aber im übrigen überraschend gemäßigt auftrat, eher die Rolle eines Vermittlers und weniger die eines draufgängerischen Revolutionärs spielte. Ganz offensichtlich feilte der *máximo lider* an seinem Image als Staatsmann, ein Eindruck, den er anläßlich seines eher zurückhaltenden Auftritts als Vorsitzender der Bewegung blockfreier Staaten vor der Vollversammlung der UN im Herbst 1979 zu verstärken verstand. Doch dann folgte ein herber Rückschlag, als sich Kuba bei jener Abstimmung in der Vollversammlung der Stimme enthielt, welche die Sowjetunion wegen ihres Einmarsches in Afghanistan verurteilte. Viele Vertreter der Dritten Welt sahen Castro und seinen UN-Botschafter nun eindeutig unter der Knute der Sowjets.

Der Imageverlust Castros im Gefolge der Afghanistan-Abstimmung eröffnete eine schwierige Phase im politischen wie privaten Leben des *máximo lider*.

Um die Jahreswende 1979/1980 verschlechterte sich die Wirtschaftslage auf Kuba erheblich. Das Wachstum der Wirtschaft sank auf ganze zwei Prozent, und der Weltmarktpreis für Zucker verharrte konstant auf sehr niedrigem Niveau. Kubas Präsenz in Angola kostete tagtäglich immense Summen, Devisen waren knapp wie selten zuvor, die Versorgung mit Konsumgütern dürftig. Klagen über mangelnde Produktivität und Arbeitsdisziplin machten die Runde, und regierungskritische Graffiti an Häuserwänden verkündeten trotzig: »Lieber ausgebeutet unter Batista als hungernd unter Castro.« Als ein Transportbus des Gesundheitsministeriums absichtlich die Absperrung zum Gelände der venezolanischen Botschaft durchbrach und

---

Selbstverständlich würde Kuba seine Mission mit Stolz und Würde beenden, wie lange auch immer sie dauern würde. Castro blieb ein Überzeugter in seiner »internationalistischen« Aufgabe in Afrika. Aber es hatte den Anschein, als wollte er sagen, es wäre gut, wenn das zwölfjährige Engagement kubanischer Truppen in Angola – eine im prozentualen Vergleich mit dem US-Engagement in Vietnam belastendere Verpflichtung – zu ehrenhaften Bedingungen beendet werden könnte. Wir wußten ferner, wenn auch fünf der Insassen dort um politisches Asyl baten, reagierte die Regierung mit der Mitteilung, sie werde künftig kein Asyl mehr respektieren. Erstmals tauchte das Gespenst der Arbeitslosigkeit wieder auf: Pflanzenkrankheiten hatten das Zuckerrohr befallen und Teile der Tabakernte vernichtet, so daß einige Zigarrenfabriken schließen mußten.

In seiner Rede vom 27. Dezember 1979 vor der Nationalversammlung, die erst später veröffentlicht wurde, benannte Castro schonungslos die Mangelerscheinungen in seinem Reich. Es seien keine Devisen in Sicht, die Versorgungslage werde sich im kommenden Jahrzehnt kaum bessern. Jedoch: Verglichen mit »den meisten Ländern der Welt« könnten sich die Kubaner glücklich schätzen, nicht zuletzt wegen der garantierten Öllieferungen aus der Sowjetunion. Überhaupt die UdSSR: Er kenne die Russen, die Sowjetunion werde als treuer Freund an der Seite Kubas stehen. Um einen Ausweg aus dem kommenden Problem der Arbeitslosigkeit zu finden – wenigstens der Idee nach –, war er bei dieser Gelegenheit auch nicht verlegen. Warum, so fragte er vom Rednerpult aus, sollten nicht 10 000 Kubaner in die ungeheuer weiten Wälder Sibiriens gehen und dort Bäume fällen, deren Holz nutzbringend für den dringend nötigen Hausbau auf Kuba Verwendung finden könne?

Am 11. Januar 1980 erlag Célia Sanchez, die treue Gefährtin Castros seit den Tagen in der Sierra Maestra, einem Krebsleiden. Ihr Tod stürzte Fidel für einige Zeit in tiefe Trauer, was sich auch in einer ungewohnt schleppenden Erledigung seiner Regierungsgeschäfte äußerte. Hier wurde erstmals seit 20 Jahren schlagartig sichtbar, wie sehr der

---

nicht aus der Mitteilung Castros, daß diese gewaltige Belastung in Kuba nicht populär war. Es gab ernste Sorgen im Regime darüber, daß die zurückkehrenden Einheiten die AIDS-Gefahr nach Kuba bringen würden. Und Angola kam nicht mehr mit in seinen Devisenzahlungen.

Chester Crocker, amerikanischer Unterhändler in den Friedensverhandlungen für Angola über Castros Bemühungen im Sommer 1987, kubanische Truppen aus Angola abzuziehen

Sozialismus auf Kuba eine »Ein-Mann-Veranstaltung« war oder daß, wie Peter Bourne es formuliert hat, die Insel sich zu Castros persönlichem Lehnsgut gewandelt hatte. Célias Tod bedeutete auch eine Zäsur in seinem Verhältnis zur Öffentlichkeit. Seither zog er sich mehr und mehr in sein Privatleben zurück, über das fortab viel spekuliert und wenig gewußt wurde. Sicher ist, daß er seit den Tagen der Machtübernahme selten mehrere Nächte an einem Ort schlief, wohl aus Sicherheitsgründen, aber auch, um der Gerüchtebildung in der Nähe seiner Aufenthaltsorte wenig Nahrung zu geben. Über viele Jahre pflegte Fidel einen eher unprätentiösen Lebensstil, der die verbreitete Achtung vor ihm im Volk stärkte. Erst in jüngster Zeit berichten Abtrünnige der Revolution über einen »Fetischismus der Markenerzeugnisse« innerhalb der Nomenklatura um Fidel Castro, seinen Bruder Raúl und einige andere Mitglieder des engsten Führungskreises. Norberto Fuentes hat auf die machterhaltende Funktion dieser Erscheinung hingewiesen: »Fidel und seine frühen Getreuen nachahmend, beschenkten die ›Internationalisten‹ einander mit Luxus-Armbanduhren der Rolex-Gattung, um ihre Beziehungen untereinander zu festigen und sich gegenseitig unauslöschlicher Loyalität zu versichern.« Doch da Fuentes als Regimekritiker in Ungnade gefallen war und seine Memoiren nach eigenem Bekunden aus »einem unlöschbaren Durst nach Rache« geschrieben

50 Der Zigarre rauchende Fidel Castro: ein Bild, das sich nach Célia Sanchez' Tod nicht mehr wiederholen sollte

hat, sind seine Angaben – wie vergleichbare anderer Kritiker auch – mit Vorsicht zu genießen.

Wäre er jünger, würde sich Castro wahrscheinlich auch heute noch in seiner Freizeit jenen eher bescheidenen Vergnügungen hingeben, die er immer geschätzt hat. Dem Zigarrenrauchen, das er 1985 – unter dem Eindruck des Lungenkrebses von Célia? – von heute auf morgen aufgab, dem Angeln – im Wettstreit mit Ernest Hemingway gewann er einmal eine Trophäe –, dem Tauchen in den herrlichen Karibikrevieren rund um die Insel – angeblich sollen auf seine Veranlassung hin die versunkenen Silberschätze spanischer Galeonen an den Küsten Kubas die Devisenbestände seines Reiches aufbessern helfen – sowie dem gelegentlichen Baseballspiel bei Reisen im In- und Ausland. Ansonsten war und ist er ein harter Arbeiter, ein Nachtarbeiter, um es genauer zu sagen: Besprechungen mit Mitarbeitern pflegt er gern wenige Stunden vor Mitternacht anzusetzen, sie können sich dann durchaus bis zum Morgengrauen hinziehen. Ermüdet und entnervt von solchen Gesprächsrunden sind die Diskutanten am ehesten geneigt, Widerspruch gegen den *máximo lider* fallenzulassen.

Doch zurück auf die Insel zu Beginn der achtziger Jahre. Noch unter dem Eindruck des Todes von Célia Sanchez

51 Ernest Hemingway mit Fidel Castro 1959

52 Noch im Jahr 2000 spielt Castro Baseball: hier gegen das Team Venezuelas mit dem Präsidenten Hector Chavez (nicht auf dem Bild)

geriet Castro im April 1980 in eine kritische Situation, als der amerikanische Präsident Jimmy Carter verkündete, alle Kubaner, die in die USA flüchteten, seien dort willkommen. Umgehend verschanzten sich Hunderte von Ausreisewilligen auf dem Gelände der peruanischen Botschaft und forderten ihren Auszug in die Vereinigten Staaten. Für Castro besonders schmerzhaft muß die Erkenntnis gewesen sein, daß es vor allem einfache Menschen

Dagegen sagte ein ausländischer Gast, der ihn zum ersten Mal getroffen hatte, vor einigen Jahren zu mir: »Fidel wird alt. Gestern ist er etwa siebenmal auf das gleiche Thema zurückgekommen.« Ich habe ihm erklärt, daß diese fast manischen Wiederholungen zu Castros Arbeitsmethode gehören. Das Thema der lateinamerikanischen Auslandsschulden ist beispielsweise in einer seiner Ansprachen vor etwa zwei Jahren erstmals aufgetaucht, er hat es dann ausgeweitet, verzweigt, vertieft, bis es sich zu einer Art wiederkehrendem Alptraum entwickelte. Als erstes sagte er – ein einfacher arithmetischer Schluß – sie seien nicht zu bezahlen. Nach und nach, im Laufe dreier Reisen, die ich in jenem Jahr nach Ha-

Wir brauchen in unserem Land diejenigen nicht, die keine revolutionären Gene, kein revolutionäres Blut, keinen Sinn und Verstand und kein Herz für die Revolution haben. Kurz: Diejenigen, denen diese Qualitäten fehlen, sind ein unbedeutender Teil des Volkes.

Castro-Rede vor einer Million Menschen am 1. Mai 1980 im Zusammenhang mit dem Mariel-Exodus

waren, die bei dieser Gelegenheit der Revolution den Rükken kehren wollten. Als *gusanos*, »Würmer«, beschimpfte er die Flüchtlinge in gewohnter Weise. Die Regierung Carter ihrerseits wurde nun die Geister nicht mehr los, die sie gerufen hatte, und forderte Castro auf, die Auswanderung über den Hafen Mariel zu stoppen, deren Umfang schließlich rund 120 000 Menschen umfaßte. Castro rächte sich auf seine Art, indem er die Gelegenheit nutzte, seine Gefängnisse von »normalen« Kriminellen sowie inhaftierten Homosexuellen zu leeren und sie übers Meer zu verschicken.

Mariel bedeutete zweifellos eine ernste Legitimationskrise für Castros Regime, auf die es mit einigen wirtschaftlichen Reformen zur Entspannung der Versorgungslage antwortete. So wurden freie Bauernmärkte zugelassen, deren Angebot für einige Zeit die verhaßte *libreta* zu ersetzen vermochte. Damit entstand aber auch eine undurchsichtige Zone des Schwarzhandels. Unübersehbar trat die Bereicherung einiger weniger zutage, was der Regierung alsbald

vanna machte, lernte ich schrittweise seine Funde kennen: die Auswirkungen der Verschuldung auf die Ökonomie der einzelnen Länder, ihre politischen und sozialen Folgen, ihr entscheidender Einfluß auf die internationalen Beziehungen, ihre schicksalhafte Bedeutung für eine einheitliche Politik Lateinamerikas. Als letztes lud er in Havanna zu einem großen Kongreß der Fachleute ein und hielt eine Rede, die keine der Unbekannten in seinen früheren Gesprächen ungeklärt ließ: Er hatte inzwischen eine umfassende Theorie, die von der Entwicklung bestätigt worden ist.

Gabriel García Márquez, »Mein Freund Castro«, in: ›Die Zeit Magazin‹, 25. Juli 1997 die Argumente gegen die ideologisch ungeliebte Privatinitiative lieferte. Mariel beendete zugleich eine relativ entspannte Phase in den amerikanisch-kubanischen Beziehungen während der Carter-Ära. Fidel Castro ahnte nichts Gutes, als 1981 Ronald Reagan als Präsident ins Weiße Haus einzog: Er verglich diesen Vorgang mit Adolf Hitlers Machtübernahme im Jahre 1933. Von Reagan war tatsächlich ein härterer Kurs der USA gegenüber der sozialistischen Staatenwelt erwartet worden, der dann auch bald eine Verschärfung des US-Embargos gegen Kuba mit sich brachte.

Wirtschaftlich geriet die Insel zusätzlich in Bedrängnis, als der Weltmarktpreis für Zucker 1985 auf ein Rekordminimum von 4 Cent pro Pfund einbrach, was gegenüber 1980 einen Verlust von 80 % bedeutete. Doch damit nicht genug: Der Verfall der Ölpreise seit 1985 beraubte Kuba einer seiner wenigen Deviseneinnahmequellen, denn es hatte jahrelang einen Teil der sowjetischen Öllieferungen gegen dringend benötigte konvertible Währungen weiterverkauft. Nicht nur wuchs die kubanische Schuldenlast gegenüber den wenigen westlichen Handelspartnern in den achtziger Jahren dramatisch an, auch gegenüber der Sowjetunion mußte ab 1986 vertragsgemäß mit der Tilgung von Milliardenkrediten in Dollar begonnen werden. Seinen COMECON-Partnern schuldete Kuba 1987 ca. 19 Mrd. Dollar. Es verwundert daher nicht, daß Fidel Castro sich zu einem Wortführer der Dritten Welt gegen die Rückzahlung von Krediten entwickelte. Es war durchaus Eigennutz, der ihn die Erkenntnis formulieren ließ: »Ich glaube, die Verschuldungsfrage ist das Schlüsselproblem unserer

---

Ein zweiter Faktor bestand in Castros langem Gedächtnis und seiner tiefen Hingabe an Kubas besondere Rolle in der Welt. Das ganze Gebäude kubanischer Politik basierte auf dem verbissenen Stolz eines kleinen Landes, dessen Führer einen grandiosen Sinn für die Vorsehung besaß ... Kubas Politik enthielt einen Verschnitt altmodischen militärischen Abenteurertums und einer Art Robin-Hood-Marxismus, der auf der Solidarität der Zukurzgekommenen beruhte. (Castro) hat niemals vergessen, wie die Su-

Zeit«, und zu der Foderung führte: »Dieser Zustand ist unhaltbar ... Deshalb beweisen wir mathematisch, daß die Schulden absolut unbezahlbar sind.« Und natürlich setzte er sich für eine »Streichung der Schulden – des Kapitals und der Zinsen« ein. Das Thema »Schuldenerlaß für die Dritte Welt« muß sich ihm als Königsweg aus dem Abseits angeboten haben, in das er sich mit seiner Haltung gegenüber der Afghanistan-Invasion seitens der Sowjetunion innerhalb der Blockfreien manövriert hatte. Und noch einmal war es der Kriegsschauplatz Angola, der ihm und seinen Kampfverbänden zu altem Ansehen im Lager der Dritten Welt verhalf. Seit der zweiten Jahreshälfte 1987 verstärkte Kuba sein militärisches Engagement in dem Land erheblich – vor allem, um die marxistische MPLA-Regierung in Luanda zu stützen. Tatsächlich jedoch ist Castros Kalkül bei der Entsendung weiterer Truppen nach Angola nicht klar ersichtlich. Wahrscheinlich ist aber, daß er sich und seinem Land einen Platz am Verhandlungstisch sichern wollte, bei dem es zwischen den Großmächten, Südafrika und den streitenden angolanischen Parteien um die Zukunft Angolas, aber auch um diejenige Namibias gehen würde. Chester Crocker, der amerikanische Unterstaatssekretär für afrikanische Angelegenheiten jener Jahre, hat nach Gesprächen mit Castro den Schluß gezogen, daß dieser wohl erkannt hatte, nicht als eine Art Simón Bolívar und Befreier Namibias und Südafrikas bis nach Kapstadt durchmarschieren und damit das rassistische Apartheidsregime zu Fall bringen zu können. Die massive Militärpräsenz in Angola und die Furcht der Südafrikaner, mit den Kubanern in anhaltende blutige Ge-

---

permächte 1962 die Raketen-Krise über seinen Kopf hinweg beilegten, ohne seine Interessen zu berücksichtigen. Das durfte sich in Angola niemals wiederholen, dem Flaggschiff von Castros »internationalistischer Politik«. Kuba benötigte eine wichtige, sichtbare Rolle.

Crocker über Castros Drängen auf Teilhabe an einer diplomatischen Angola-Lösung 1987 fechte verwickelt zu werden, habe jedoch eine »Linkage-Situation« mit der Verknüpfung der folgenden beiden Ziele geradezu erzwungen: Ehrenvoller Rückzug Kubas aus dem angolanischen Abenteuer und Annahme der Resolution 435 der Vereinten Nationen durch die Regierung Südafrikas, welche die Unabhängigkeit Namibias in naher Zukunft vorsah. So betrachtet ist die Erlangung der Unabhängigkeit Namibias am 21. März 1990 in der Tat auch ein Werk Fidel Castros.

Nach einem Abkommen zwischen Südafrika, Kuba und Angola vom Dezember 1988 zogen die rund 50 000 kubanischen Soldaten aus dem afrikanischen Land ab. Abgesehen von erheblichen finanziellen Mitteln hatte Castros Engagement in Angola etwa 2000 seiner Landsleute das Leben gekostet.

Die »Büffel« oder »Killer«, wie sie sich selbst nannten, die befehlshabenden militärischen Helden Kubas in An-

Suarez: Wie können Sie es erklären, daß wir, obwohl wir so ein kleines Land sind …, so viele Freunde haben; daß der berühmte Bürgermeister von Quito und andere erlesene Herren aus Spanien das 470jährige Jubiläum von Havanna beehren … Warum haben wir so viele Freunde als solch kleines Land, verloren auf der Landkarte der Karibik?
Castro: Weil sie nicht auf Quantität, sondern auf Qualität setzen.
Suarez: Ja, auf unser Land.
Castro: Ich denke, das hat nichts mit der Größe unseres Landes, sondern mit seiner Qualität zu tun. Sie sollten auch nicht vergessen, daß wir kürzlich einen sehr wichtigen Beweis für die vielen Freunde Kubas erhielten, und dieser Beweis war unsere Wahl in den UN-Sicherheitsrat mit 146 Stimmen. Diese Stimmen waren geheim; aus solchen Abstimmungen sind wir immer siegreich hervorgegangen. Wenn die Stimmen öffentlich abgegeben werden und die Yankees sich beklagen, wird es schwierig …
Suarez: Auf der anderen Seite, Comandante, warum …
Castro (unterbricht): Heute ist ein sehr wichtiger Tag, nicht nur, weil wir den 470. Jahrestag von Havanna feiern …, wir haben die Nachricht vom überwältigenden Sieg der South-West African People's Organization bei den Wahlen in Namibia erhalten. Das sind sehr gute Nachrichten.

Fidel Castro in Interview mit TV-Reporter Oscar Suarez anläßlich der Eröffnung des Restaurants La Madrid in Havanna, 15. November 1989

gola, erlebten kurz nach der Rückkehr in ihre Heimat eine persönliche Katastrophe. Armeegeneral Arnaldo Ochoa sowie die Zwillingsbrüder Antonio und Patricio de la Guardia wurden verhaftet und in einem Prozeß des Hochverrats, des Drogenhandels und der Korruption angeklagt, zum Tode veruteilt und hingerichtet. Ochoa und Antonio de la Guardia versuchten, ihren Kopf durch Selbstbezichtigungen vor dem Revolutionstribunal zu retten – umsonst, denn es war Fidel Castro selbst, der die Beseitigung der »Internationalisten« befürwortete. Gerüchte halten sich über die Hintergründe dieser Affäre. General Ochoa war immerhin ein alter Gefährte Castros gewesen. Schon lange kursierten Spekulationen über eine kubanische Verwicklung in den Drogenschmuggel von Kolumbien über die Küsten der Insel in die USA. Denkbar ist, daß mit den »Büffeln« zugleich Herrschaftswissen über Kuba und die Drogenmafia eliminiert werden sollte. Denkbar ist aber auch, daß Castro – mehr aber noch vielleicht der immer wieder als sein Nachfolger gehandelte Bruder Raúl – einen kommenden Star der politisch-militärischen Elite des Landes loswerden wollte. Ochoa war im Gegensatz zu dem spröden Raúl in der kubanischen Bevölkerung populär, ja sogar beliebt. Und noch etwas

53 Arnaldo Ochoa Sanchez (rechts) in Angola mit Norberto Fuentes

zeichnete Ochoa im Gegensatz zu den Gebrüdern Castro aus: Seine Offenheit gegenüber den ideologischen Herausforderungen, welche der sowjetische Staats- und Parteichef Michail Gorbatschow mit seinen Schlagworten *perestrojka* (»Umbau«) und *glasnost* (»Offenheit«) der sozialistischen Staatenwelt zugemutet hatte.

»Socialismo o muerte!« – »Sozialismus oder Tod!«

Anfang April 1989 traf Gorbatschow zusammen mit dem sowjetischen Außenminister Schewardnadse zu einem mehrtägigen Besuch in Havanna ein. Vor der kubanischen Nationalversammlung hielt er eine Schlüsselrede, die der politischen Führung der Insel unzweideutig Aufschluß darüber gab, welchen Kurs die Führungsmacht des Sozialismus zukünftig einschlagen werde. Gorbatschow betonte in seinen Ausführungen, daß der Sozialismus an einer Wegscheide angekommen sei und es nun darauf ankomme, einen schwierigen, außerordentlich mühsamen Weg der Reformen und der Anpassung »an die Geschichte« zu beschreiten, andernfalls drohe der Marsch in eine Sackgasse, politisch wie ökonomisch. Mit anderen Worten: Der mächtigste Mann der Sowjetunion legte seinem karibischen Juniorpartner dringend nahe, der UdSSR auf dem steinigen Pfad der *perestrojka* zu folgen.

Zu diesem Zeitpunkt wußte Gorbatschow seit längerem um die störrische Haltung Castros in dieser so wichtigen Frage. Wie in den meisten Jahren der sowjetisch-kubanischen Zusammenarbeit seit 1960 pochte der Kubaner auf Eigenständigkeit innerhalb des sozialistischen Kosmos. Auf die *perestrojka* hatte er seit 1986 mit der sogenannten *rectificación* reagiert, was soviel wie »Fehlerkorrektur« be-

»Perestrojka« ist eines anderen Mannes Frau. Damit möchte ich nichts zu tun haben.

Castro in der ›New York Times‹, 1989

Im Augenblick wissen wir nicht, in welchem Zustand sich unsere Handelsbeziehungen mit der Sowjetunion im nächsten Jahr befinden werden. Bisher weiß niemand, wieviel sie uns für unseren Zucker bezahlen werden, für unsere Exporte, oder wieviel sie uns für unsere Produkte berechnen, die sie uns liefern wollen, oder wieviel Treibstoff wir erhalten werden. Niemand weiß irgendetwas darüber, trotz des Umstands, daß es nur noch drei Monate hin sind zum Jahresende.

Lagebericht Castros zu den kubanisch-sowjetischen Beziehungen am 28. September 1990

deuten sollte. Es war, wie viele Kubaner damals sagten, eine »Castroika«, Fidel Castros ganz eigene Antwort auf die *perestrojka*. Politisch bedeutete die *rectificación* eine ideologische Rückbesinnung auf Nationalkubanisches mit einer eher nostalgischen Anleihe bei voluntaristischen Gedanken Che Guevaras. Wirtschaftlich setzte sie bescheidenen marktwirtschaftlichen Freiheiten, wie etwa den gerade erst wieder zugelassenen Bauernmärkten, ein Ende. Es gelte, so Castro, aufzuhören »mit dem Kapitalismus zu spielen«.

Zusammen mit der Ochoa-Affäre des Jahres 1989 steuerte Castro mit der *rectificación* geradezu einen Konfrontationskurs gegen Gorbatschows Reformprogramm in der Sowjetunion. »Der König ist tot, es lebe der König!« – nach diesem Motto beendete der *máximo lider* seit 1989/1990 seine Reden nunmehr mit der trotzigen Formel »*Socialismo o muerte*!« – »Sozialismus oder Tod!« Wie er nach dem Zeugnis mancher, die ihn kennen, im kleinen Kreis einem trotzigen Kinde gleich wütend auftreten konnte, um seinen Willen durchzusetzen, wandte sich nun der sozia-

Merlo: Denken Sie, daß Gorbatschow ein Verräter ist?
Castro: Die Geschichte wird das letzte Urteil über ihn sprechen. Ich möchte nicht Gorbatschows Richter sein. Ich kann nur sagen, daß er während der Zeit, in der ich ihn kannte, sich sehr freundlich mir gegenüber verhalten hat. Er schien den Sozialismus verbessern zu wollen, auch wenn das Endresultat anders aussah ... Es scheint mir ..., daß jetzt weniger Sozialismus denn je in der UdSSR herrscht – und tatsächlich existiert die UdSSR nicht ein-

54 Scheinbar herzliche Begrüßung bei Gorbatschows Besuch auf Kuba

listische Junior widerborstig gegen den sozialistischen Übervater. Doch spielte ihm zuweilen sein Unterbewußtsein einen Streich. So hielt er zum Ende des kubanischen Jugendkongresses am 20. Juli 1996 eine Rede, in der ihm die übliche Schlußformel auf bezeichnende Weise mißriet: »Wir verlassen diesen Kongreß mit einem ... unendlichen Vertrauen in die Zukunft, egal, wie schwierig sie sein wird, und in ein unendliches Vertrauen in den Sieg. Danke Pioniere! (Applaus). Danke! Vaterland oder Tod! (Antwort der Menge: Wir werden siegen!) Nein, ich vergaß zu sagen Sozialismus oder Tod! Sozialismus oder Tod, Vaterland oder Tod! (Antwort der Menge: Wir werden siegen!) Wir werden siegen!«

Castro fürchtete von einer Sowjetunion Gorbatschows ähnlich im Stich gelassen zu werden wie von derjenigen Chruschtschows anläßlich der Raketenkrise 1962. Um so halsstarriger schwor er sein Volk auf den Sozialismus ein. Während der Moncada-Gedächtnisrede Ende Juli 1989 erklärte er vor der Menge: »Natürlich gibt es zwei Sorten von Kommunisten: solche, die sich leicht töten lassen, und uns Kommunisten, die wir uns nicht leicht töten lassen. Was kann uns noch erschrecken, die wir vor 27 Jahren die Erfahrung der Oktoberkrise gemacht haben ... Nichts in

mal mehr. Jemand sagte einmal, der Weg zur Hölle ist mit guten Absichten gepflastert.

Interview von Francesco Merlo mit Castro für den Mailänder ›Corriere della Sera‹, 5. Dezember 1992 der Welt kann unser revolutionäres Volk ins Wanken bringen, nichts kann uns erschrecken.« Und der amerikanischen Regierung unter Präsident Bush hielt er vor, sie halte Reden, »die von der Prämisse ausgehen, daß die sozialistische Staatengemeinschaft im Untergang begriffen ist, daß der Sozialismus am Ende ist und auf dem Müllhaufen der Geschichte landen wird, dem Platz, den die großen, genialen Strategen und Schöpfer der sozialistischen Bewegung eben gerade dem Kapitalismus vorbehalten haben.«

Dann kam der Absturz der kubanischen Wirtschaft. Zwar hatte die UdSSR ihre Hilfe für Kuba seit dem Amtsantritt Gorbatschows im Jahre 1986 allmählich reduziert, doch erst nach dem Putsch in der Sowjetunion vom August 1991 und dem Ende der UdSSR stand das sozialistische Kuba buchstäblich allein da. Die Gemeinschaft Unabhängiger Staaten (GUS), die staatsrechtliche Nachfolgerin der UdSSR, gewährte 1992 nur noch ganze 6 % an Hilfe des Vorjahresvolumens. Mit der Unterstützung anderer ehemaliger sozialistischer »Bruderländer« sah es ähnlich aus. Vor allem der Zuckerexport brach zusammen, desgleichen der Weiterexport von sowjetischem Erdöl, das nun ausblieb.

Sonett vom Nahrungsmittelplan
Der Maniok, der aus Litauen kam,
der Mango, süße Frucht aus Krakau, der Name, wie er wächst in Warschau und der Kaffee, den man in Deutschland pflanzt.

Die gelbe Malanga aus Rumänien, der moldawische Boniato in seiner Feinheit,
aus Sibirien der Mamey in seiner Reinheit und die grünen Bananen der Ukraine.

All dies fehlt, und nicht aus unserer Schuld.
Um den Nahrungsmittelplan zu erfüllen, führt man eine harte, intensive Schlacht,

und man sieht bereits den ersten Beweis, daß die notwendige Anstrengung erbracht wird:
Es gibt schon Essen im Fernsehen und in der Zeitung.

Anonymes Gedicht, 1990, zit. n. Bert Hoffmann

Die Kubaner reagierten in ihrer Not auch mit schwarzem Humor auf die Katastrophe. Frage an Radio Eriwan: »Gibt es einen Ausweg in einer Situation ohne Ausweg?« – Antwort von Radio Eriwan: »Wir mischen uns nicht in die inneren Angelegenheiten Kubas.«

Alle Welt erwartete nun das alsbaldige Ende des kubanischen Sozialismus und den politischen Bankrott Fidel Castros; Beispiele für Implosionen sozialistischer Staaten in Europa gab es seit dem Herbst 1989 mehr als genug.

Doch Castro kämpfte. Rhetorisch geschickt proklamierte er bereits im Jahre 1990 ein »*Período especial en tiempos de paz*«, eine auf fünf Jahre befristete »Sonderperiode in Friedenszeiten«. Dahinter verbarg sich ein extremes Austeritätsprogramm, das den Kubanern erhöhten Arbeitseinsatz, Disziplin und einen eisernen Willen zum Sparen abverlangte. Der *período* umfaßte strenge Maßnahmen zur Energieeinsparung, er forderte dazu auf, Traktoren und LKW durch Ochsen und Pferde zu ersetzen. Im Fernsehen gab es tägliche Lektionen für das Überleben in Zeiten größter Not: Die Kubaner erhielten Unterweisungen in der Kerzen- und Seifenherstellung ebenso wie in der Kunst, aus getrockneten Bananenschalen Schuhwerk herzustellen. Aus der Volksrepublik China ließ Fidel Castro Tausende von Fahrrädern importieren. Mit der ihm eigenen Rabulistik verkaufte er auch diesen Winkelzug als revolutionären Schritt nach vorn: »Die Sonderperiode hat«, erklärte er, »auch ihre positiven Seiten – wie die, daß wir jetzt in das Zeitalter des Fahrrades eintreten. In gewissem Sinne ist auch das eine Revolution.« Und weiter: »Ich zweifle nicht daran, daß man im Sommer ganze Wolken von Fahrrä-

In der Bevölkerung kursiert dafür der dem *máximo lider* in den Mund gelegte geflügelte »Dreisatz«: »Das Volk will das nicht, die Partei will das nicht, und ich will das auch nicht. Aber trotzdem müssen wir es machen.«

Zur zögernden Privatisierung Mitte der neunziger Jahre

dern sehen wird, die sich in Richtung auf die Strände unserer Hauptstadt bewegen.«

Flankiert wurden die radikalen Sparmaßnahmen im Inneren durch eine kontrollierte Öffnung der kubanischen Wirtschaft nach außen. Während in der Binnenwirtschaft der nahezu wertlose Peso galt, fakturierte die Außenwirtschaft auf Dollarbasis. Zwischen 1990 und 1993 kam es zu ersten Joint-ventures kubanischer mit westlichen, vor allem kanadischen und europäischen Firmen. Bevorzugtes Betätigungsfeld solcher Gemeinschaftsunternehmen war der Tourismus, aber auch der Nickelbergbau.

Daß Castros Kuba das Wegbrechen der sozialistischen Staatengemeinschaft bisher überlebt hat, ist im übrigen auch darauf zurückzuführen, daß – und dies wird nur selten berücksichtigt – die Revolutionsführung der frühen sechziger Jahre auf der Unterhaltung einer eigenen Handelsflotte bestanden hatte.

Auf dem 4. Parteikongreß der Kubanischen Kommunisten im Oktober 1991 bekräftigte Fidel Castro noch einmal seine kommunistische Überzeugung und warnte vor

Castro: Wann hat der Verfall begonnen?
Unbekannter Delegierter: Comandante, wir …
Castro (unterbricht): Ich würde auch gerne wissen, warum. Touristen-Organisationen haben Ressourcen gehabt, weil sie sich selbst finanzieren … Ich habe mal gesagt, ich war betrübt, die Mädchen mit getragenen Strümpfen auftreten zu sehen. Ich dachte, das kommt nicht wieder vor. Aber es gibt keine Rechtfertigung für das Fehlen von Glühbirnen und andere Dinge in einer sich selbst finanzierenden Institution, die über alle notwendigen Ressourcen verfügt. Das hat mit der Sonderperiode oder so etwas nichts zu tun. Wenn das Center so verkommen ist, dann wegen Ineffizienz, Angeberei, Inkompetenz, für die man die Verantwortlichen heranziehen muß … Das Tropicana herunterkommen zu lassen ist ein Akt von Überheblichkeit. Ich glaube, niemand hier kann das rechtfertigen. Aber wenigstens wird man jetzt über Fernsehen und Presse wissen, daß wir über das Tropicana diskutieren.

Castro beim 5. Kongreß der Nationalen Union Kubanischer Autoren und Künstler am 20. November 1993 im Gespräch mit einem Delegierten über den heruntergekommenen Nachtklub Tropicana in Havanna, Sendung im Programm des Radio Rebelde, Havanna

ideologischen Zugeständnissen, ausgenommen – interessanterweise – mögliche wirtschaftliche Reformen. Im Dezember beschloß die Nationalversammlung, Bezüge zum Marxismus-Leninismus in der Verfassung zu tilgen, ohne jedoch den Sozialismus zu widerrufen. José Martí und nicht mehr die europäischen Ahnherren des Sozialismus gewann nun wieder Bedeutung in der ideologischen Ausrichtung der Bevölkerung.

Einen wichtigen Wendepunkt in der politischen Entwicklung Kubas seit dem Ende der UdSSR markierte Fidel Castros Rede zum 40. Jahrestag des Moncada-Überfalls am 26. Juli 1993. Bei dieser Gelegenheit verkündete er, dessen Anrede als »Comandante« um diese Zeit übrigens immer mehr verblaßte, daß künftig Kubaner als Privatpersonen Dollar besitzen dürften. Das war der Beginn der *dollarización*, der Dollarisierung der kubanischen Wirtschaft und Gesellschaft. Da wenig später auch Bankkonten auf Dollarbasis eröffnet werden konnten, setzte zum einen ein Zustrom amerikanischer Währung aus der riesigen exilkubanischen Gemeinde in den USA ein, zum anderen blühten der Schwarzmarkt sowie die Prostitution auf. Angesichts einer beginnenden Spaltung der kubanischen Gesellschaft in Dollarbesitzer und -nichtbesitzer – hohe Parteifunktionäre hatten indes immer schon genügend »Feindwäh-

55 Castro spricht anläßlich seines 25jährigen Jubiläums als Oberhaupt Kubas zu seinem Volk, 1984

rung« zur Verfügung – geriet der egalitäre Anspruch der Revolutionsideologie immer mehr unter Druck. Privatwirtschaftliche Aktivität wurde im September 1993 in über 100 Handelssparten zugelassen, zugleich aber wurden auch erstmals Steuern erhoben.

Anfang August 1994 erlebte Castros Kuba seine vorerst schwerste innenpolitische Krise, den sogenannten Habanazo. Erstmals demonstrierten auf dem Malecón, der Uferpromenade der Hauptstadt, Hunderte von Menschen, warfen Schaufensterscheiben ein und skandierten anticastristische Schmährufe. Allein Castros persönliches Erscheinen beruhigte die Gemüter wieder. Wenige Tage später öffnete der *máximo lider* das Ventil verbreiteter Unzufriedenheit und ließ über 30 000 Kubaner mit selbstgebastelten Flößen die lebensgefährliche Fahrt nach Florida antreten. Um eine wirtschaftpolitische Kurskorrektur kam er dennoch nicht herum. Im Oktober 1995 öffneten die privaten Bauernmärkte wieder, und im Vormonat war bereits ein Gesetz in Kraft getreten, das Firmen in Kuba zuließ, die zu 100 % ausländische Anteile hatten. Alles in allem trugen diese Maßnahmen dazu bei, den Kollaps des kubanischen Sozialismus nicht eintreten und die Wirtschaft des Landes wieder bescheidene Fahrt aufnehmen zu lassen – freilich um den Preis deutlich zutage tretender Einkommensunterschiede unter den Kubanern, insbesondere in Havanna. Zu Recht weist Fidel Castro mit Stolz darauf hin, daß während der Sonderperiode keine Schule, kein Kindergarten und kein Krankenhaus geschlossen worden ist, daß auf den Vorzeigegebieten der kubanischen Revolution, dem Bildungs- und Gesundheitswesen, sein Land den Vergleich

Als im August 1994 mit Habanazo die erste echte Revolte gegen das Regime ausbrach, hielt er die Steinewerfer auf, indem er zu Fuß direkt in die aufgebrachte Menge marschierte. Wie der aufmerksame und kluge Korrespondent der mexikanischen Wochenzeitung ›Proceso‹ bemerkte, änderte sich der Ton der Demonstranten genau in dem Augenblick, als Castro auftrat. »Es ist vorbei, el Caballo (gemeint ist Castro, A. H.) ist hier«, sagte jemand. Und mit vielen Ländern der Dritten – und in Teilbereichen sogar der Ersten Welt – nicht zu scheuen braucht. Daß das Innenleben der Schulen und Krankenhäuser mangels Ausstattung vielfach »klinisch tot« ist und es an dem Nötigsten meist fehlt, ist jedoch auch Teil der Wahrheit.

Kuba ist gegen Ende der neunziger Jahre zu einem der führenden Länder in der Biomedizin außerhalb der westlichen Welt aufgestiegen. Geforscht wird unter anderem nach einem Impfstoff gegen eine Form der Hirnhautentzündung, Meningitis B, sowie auf den Gebieten der Krebstherapie, der Alzheimer sowie der Parkinsonschen Krankheit. Größeren Erfolgen, die durch Kooperation mit westlichen, nicht selten US-amerikanischen Firmen erzielt werden könnten, steht nach wie vor die Embargopolitik Washingtons entgegen.

Andererseits gehört es zur weltgeschichtlich nicht allzu häufig anzutreffenden Aporie der kubanisch-amerikanischen Beziehungen, daß die feindliche Embargopolitik der USA das Überleben Fidel Castros entscheidend mit garantiert hat. Immer und immer wieder konnte Castro das hausgemachte Versagen vor allem in der kubanischen Wirtschaft mit dem Embargo rechtfertigen, dazu das Volk mit dem Fingerzeig auf den Sündenbock jenseits der Florida-Straße hinter sich einen.

Jorge I. Domínguez formulierte es so: Die Vereinigten Staaten waren ein treuer Feind Fidel Castros; »jedoch mit Feinden wie diesen benötigt er keine Freunde«.

Angesichts des von der politischen Elite der USA wie auch von der Mehrheit der Exilkubaner unerwarteten Überlebens Castros und seines sozialistischen Experiments

---

einen anderen Mann hörte man murmeln: »Er hat wirklich Mut, einfach so herzukommen.« Ein dritter sagte: »Der Alte ändert sich nie. Den kann man nicht stürzen.«

Alma Guillermoprieto, »Kommandantendämmerung. Fidel Castro – Enthusiasmus der Würde und einsame Despotie«; in: ›Lettre International‹, Heft 45, Sommer 1999, S. 68ff.

auf Kuba entschlossen sich der Vorsitzende des Senatskomitees für Auswärtige Beziehungen, Jesse Helms, sowie der Kongreßabgeordnete Dan Burton, eine erhebliche Verschärfung der Embargopolitik seitens der US-Regierung durchzusetzen.

War bereits mit dem sogenannten Toricelli-Gesetz aus dem Jahre 1992 das amerikanische Embargo auf US-Tochterfirmen in Drittstaaten ausgeweitet worden, so sah das Helms-Burton-Gesetz von 1996 Strafandrohung vor amerikanischen Gerichten für solche ausländischen Firmen vor, die in Kuba investieren und dabei ehemaliges amerikanisches Eigentum auf der Insel nutzen. Darüber hinaus bestimmte dieses Gesetz, daß kein amerikanischer Präsident das Embargo gegen Kuba aufheben dürfe, solange dort nicht eine Übergangsregierung im Amt sei, der, so § 205a (7) wörtlich, »weder Fidel Castro noch Raúl Castro angehört«. Präsident Clinton hatte sich zunächst geweigert, das Gesetz zu unterzeichnen, doch nur wenige Tage vor seiner Entscheidung kam es in Kuba zu einem Zwischenfall, der ihn zur Änderung seiner Haltung zwang. Vermutlich in kubanischem Luftraum schoß die kubanische Luftabwehr zwei kleine Flugzeuge mit Exilkubanern ab. Sofort schlugen die Wellen der Hysterie in den amerikanischen Medien hoch und ließen die Unterzeichnung durch den Präsidenten am 12. März 1996 zu einem Selbstläufer werden. Im amerikanischen Wahljahr konnte es sich kein Präsidentschaftsbewerber leisten, nachsichtig gegen-

Der Zwischenfall mit den Flugzeugen (ihr Abschuß am 24. Februar 1996, A. H.) geschah exakt in dem Augenblick, als die Vereinigten Staaten ein neues Kapitel ihrer Beziehungen zu Kuba aufschlagen wollten ... Fidel muß die Nordamerikaner immer weiter zur Feindschaft aufstacheln. Wenn die Nordamerikaner nicht reagieren, kneift er sie, damit sie doch reagieren. Wenn eines Tages die Blockade nicht mehr ist, wird auch Fidel nicht mehr sein.

»Benigno« über die Funktion des US-Embargos für die kubanische Innenpolitik; in: Alma Guillermoprieto, ›Kommandantendämmerung. Fidel Castro – Enthusiasmus der Würde und einsame Despotie‹, ›Lettre International‹, Heft 45, Sommer 1999, S. 68ff.

über Fidel Castros Kuba zu sein. Wesentliche Teile des Helms-Burton-Gesetzes wurden angeblich von dem amerikanischen Kongreßabgeordneten Lincoln Diaz-Balart aus Florida verfaßt. Familienkrieg über die Florida-Straße hinweg: Der Abgeordnete ist ein angeheirateter Verwandter Castros, der Sohn seines Schwagers aus der Ehe mit Mirta Diaz-Balart, Rafael Diaz-Balart. Kubas Regierung reagierte im Jahre 1999 auf das Gesetzeswerk mit dem juristisch größtmöglichen Geschütz: mit einer Klage gegen die USA auf Völkermord.

Erst in jüngster Zeit sind einige Embargobestimmungen gelockert worden, so daß es zum Beispiel wie vor dem Helms-Burton-Gesetz wieder eine Flugverbindung zwischen Miami und Havanna gibt.

Im November 1996 beeindruckte Castro die Weltöffentlichkeit mit seinem Besuch bei Papst Johannes Paul II. im Vatikan, wo der Pontifex maximus dem Jesuitenschüler und *máximo lider* aus Kuba eine Privataudienz unter vier Augen gewährte. Castro wußte zwar um die Sprengkraft, welche die päpstlichen Worte in dessen polnischer Heimat für den Sozialismus dort und in ganz Osteuropa zu Beginn der achtziger Jahre gehabt hatten. Andererseits schätzte er des Papstes öffentliche Kritik an Ausbeutung und Kapitalismus in Lateinamerika. Als der Heilige Vater dann im Januar 1998 zu dem versprochenen Gegenbesuch in Kuba weilte, zelebrierte er mehrere Messen vor Zigtausenden Menschen, darunter jene auf dem Platz der Revolution in Havanna, an der auch Castro teilnahm. Castro konnte insbesondere des Papstes Verurteilung des US-Embargos als Erfolg verbuchen, dagegen wogen gewisse Zu-

Das sind sehr intime Dinge, über die ich in der Öffentlichkeit nicht rede. Außerdem, wenn ich sage, ich bin nicht gläubig, verärgere ich die Kubaner, die an Gott glauben; wenn ich antworte, ja, ich glaube, werde ich zu einem Prediger für die Religion, der ich nicht bin. Im übrigen respektiere ich die Gläubigen und die, welche nicht gläubig sind, habe Respekt vor jeder religiösen Überzeugung. Das ist die Pflicht eines Politikers.

Castro über die Glaubensfrage anläßlich des Papstbesuchs Januar 1998

geständnisse an die katholische Kirche Kubas sowie die Wiederzulassung des gleich nach der Revolution verbotenen Weihnachtsfestes nicht allzu schwer.

Fidel Castro ist ein Meister vor allem der Dramaturgie, vielleicht weniger der Diplomatie: Seinen letzten Beweis für die Beherrschung dieser Kunst lieferte er im Jahre 2000, als zwischen den USA und Kuba ein heftiger über die Medien ausgetragener Streit um den Verbleib des kleinen Elian entbrannte. Der Junge hatte sich mit seiner Mutter auf die waghalsige Flucht über das Meer nach Florida begeben, wobei die Mutter in den Fluten ertrank, Elian hingegen von den Amerikanern gerettet werden konnte. In

56 Treffen zwischen Papst Johannes Paul II. und Fidel Castro in Havanna 1998

dem wochenlangen Tauziehen um die Frage, ob die exilkubanischen Verwandten in Florida oder aber Elians leiblicher Vater in Kuba – wofür Fidel Castro öffentlich agitierte – das künftige Sorgerecht für den Kleinen ausüben dürften, setzte sich der kubanische Staatschef schließlich durch. Elian kehrte nach Kuba zurück, allem exaltierten exilkubanischen Protest zum Trotz. Noch einmal war es Castro gelungen, nach alter Manier Tausende von Menschen auf Plätzen zu mobilisieren und sie auf ein gemeinsames Ziel, die Rückkehr Elians, einzuschwören.

Die Zukunft wird zeigen, ob dies weiterhin notwendig sein und, vor allem, ob ihm dies weiterhin gelingen wird. Über 40 Jahre ist Fidel Castro nun im Amt, damit ist er zugleich der Welt dienstältester Staatschef. Der Abschied von der Macht fällt ihm schwer. Im Jahre 1987, als er gut 60 Jahre zählte, erklärte er einem italienischen Journalisten, der griechische Philosoph Platon habe das ideale Alter eines Staatsmannes mit 60 angesetzt, was heutzutage einem Alter von etwa 80 Jahren gleichkäme. Daher gebe es für ihn keinen Grund, an Rücktritt zu denken.

In der Bilanz seines Werkes stehen neben seinem Machtstreben, seinen Fehlentscheidungen, seiner Unduldsamkeit und nicht zuletzt dem Verrat wichtiger Versprechen aus der Frühzeit der Revolution auch sein enormer Wille und sein Kampf um handfeste Lebensverbesserungen für die einfachen Menschen Kubas. Es überwiegen am Ende ein wenig die nachdenklich stimmenden Saldierungsposten. Vor allem die Chuzpe, mit der Castro die gewichtigen Versprechen auf Wiedereinsetzung der liberalen Verfassung von 1940 und die Abhaltung freier Wahlen brach, tragen

Mein Freund lachte: »Niemand übertrifft Fidel, wenn es darum geht, endlos über nichts zu reden, weil es etwas gibt, das er nicht sagen will.«

Alma Guillermoprieto, ›Kommandantendämmerung. Fidel Castro – Enthusiasmus der Würde und einsame Despotie‹: in: ›Lettre International‹, Heft 45, Sommer 1999, S. 68ff.

Nehmt mich nicht als Modell. Ich verstehe mich nicht als Vorbild, noch viel weniger als Beispiel eines guten Studenten. Ich habe versucht, ein guter Revolutionär zu sein. Ich habe versucht, ein guter Soldat zu sein. Und wenn es jemandem in den Sinn kommen sollte, einen Fall wie meinen nachzuahmen, bitte ich Euch meine wenigen Erfolge nachzuahmen und meine vielen Irrtümer, die ich vielleicht begangen habe, auszulassen.

Rede an die Studenten 50 Jahre nach seinem Eintritt in die Universität von Havanna, 4. September 1995

zum Bild eines *caudillo* bei, dem es zuvörderst doch um persönliche Macht ging. Und dies vor allem, wenn man Castros anfängliche Beteuerungen in Rechnung stellt, selbst keine hervorragende Position im revolutionären Kuba anstreben zu wollen. Fraglos hatte Castro mit einzigartigen Rahmenbedingungen seiner Herrschaftsausübung zu kämpfen, bedenkt man seine so oft beschriebene Position als David gegenüber dem Goliath auf dem nordamerikanischen Festland. Doch hat er sie, wie gezeigt worden ist, virtuos im Sinne des eigenen Machterhalts auszunutzen verstanden.

Fraglos verdienen seine und der Revolution Leistungen im Bildungs- und Gesundheitswesen Respekt, doch muß auch einmal die Frage gestattet sein, was denn eigentlich sonst für das kubanische Volk als Ergebnis der Revolution positiv in der Waagschale zu finden wäre. Der verbreitete Mangel an allem und jedem sowie die geistige Unfreiheit werden es wohl kaum sein.

Als allgemeines Prinzip gilt, daß in Kuba nichts privatisiert wird, das als Eigentum des ganzen Volkes oder eines Kollektivs von Arbeitern angebracht ist und so aufrechterhalten werden kann. Unsere Ideologie und unsere Präferenz ist der Sozialismus, dem Egoismus, den Privilegien und den Ungleichheiten der kapitalistischen Gesellschaft in nichts verwandt. In unserem Vaterland gerät nichts in den Besitz eines hochrangigen Funktionärs, und nichts wird an Komplizen oder Freunde verschenkt. Nichts, was mit Effizienz und einem gesteigerten Ertrag für unsere Gesellschaft ausgenutzt werden kann, gerät in die Hände von inländischen oder ausländischen Privatleuten. *Anfang 2000*

Es bleibt der Eindruck eines machtversessenen, politisch ungemein geschickten, nicht selten auch verschlagenen Charismatikers der Dritten Welt, der sein Ziel durchaus erreichte: In seinem Lande eine vollständige Revolution durchzuführen. Anders als andere Revolutionäre strebte er nicht nach persönlicher Bereicherung, anders als andere Revolutionäre scheute er sich auch zu keiner Zeit, in vorderster Linie zu kämpfen, für sein Ziel das eigene Leben zu opfern. Fidel Castro kannte seinen Cervantes gut. Denn wie hatte doch Spaniens größter Dichter den edlen Ritter aus der Mancha sagen lassen: »Und merkt Euch das, was ich Euch jetzt sagen will, es kann Euch zu großem Nutzen und zur Erleichterung mancher Mühsal gereichen: Verweilt mit Euern Gedanken nicht bei den Widrigkeiten, die Euch begegnen könnten. Die schlimmste von allen ist der Tod, und sobald es ein rühmlicher ist, gibt es nichts Wünschenswerteres als ihn!«

57 Fidel Castro 2001

Zeittafel

1492 Christoph Columbus entdeckt Kuba
1511 Eroberung durch die Spanier und nachfolgende Vernichtung von ca. 200 000 Ureinwohnern
1519 Gründung von Havanna
1522 Erste Sklaven aus Afrika
1700 Tabak wichtigstes Exportgut
1790 Beginn des Massenimports von Sklaven
1800 Zucker wichtigstes Exportgut
1825 Unabhängigkeit der meisten Staaten Lateinamerikas von Spanien und Portugal
1848 Kaufgesuch der USA gegenüber Spanien
1854 Erneuter amerikanischer Kaufversuch
1865 Ende des Sklavenimports aus Afrika
1868–1878 Erster Unabhängigkeitskrieg gegen Spanien
1886 Endgültige Abschaffung der Sklaverei
1895–1898 Zweiter Unabhängigkeitskrieg, Tod der Anführer José Martí und Antonio Maceo
1898 Explosion des US-Kriegsschiffes *Maine* im Hafen von Havanna, amerikanische Kriegserklärung an Spanien, nach Ende des Spanisch-Amerikanischen Krieges Abzug der Spanier und Beginn amerikanischer Militärverwaltung
1898–1902 US-Militärherrschaft
1901 Übernahme des amerikanischen Platt-Amendments in die erste kubanische Verfassung; seither ständige Interventionsdrohung der USA, sogenannte Pseudo-Republik Kuba
1906 US-Militärintervention
1917 US-Militärintervention
1925 Gründung der ersten Kommunistischen Partei
1926 Mit hoher Wahrscheinlichkeit Fidel Castros Geburt am 13. August
1933 Sturz der Diktatur Machados, Reformpolitik der Regierung Grau San Martín für 100 Tage
1934 Sturz Grau San Martíns durch den Oberbefehlshaber der Armee, Fulgencio Batista, Aufhebung des Platt-Amendments
1941–1945 Fidel Castro Schüler am

Jesuitenkolleg von Belén in Havanna

1940 Wahl Batistas zum Präsidenten; zweite, in vielerlei Hinsicht liberale, Verfassung proklamiert; Verfassung künftig wichtige Bezugsgröße im politischen Kampf Castros; unter Batista Beginn der »institutionalisierten Korruption«

1944–1948 Regierung unter Präsident Grau San Martín

1945 –1950 Castro Jura-Student an der Universität von Havanna, Doktortitel in Rechts- und Sozialwissenschaften; letztlich fehlgeschlagene Versuche eine Führungsrolle in der Universitätspolitik zu übernehmen; Gerüchte über Verstrikkung Castros in Gangsteraktivitäten an der Universität

1946 Teilnahme Castros an fehlgeschlagenem Landeunternehmen in der Dominikanischen Republik

1947 Gründung der Partei des Kubanischen Volkes (»Ortodoxos«) durch Eduardo Chibas

1948–1952 Regierung unter Carlos Prio Socarras

1949 Geburt von Sohn Fidel (»Fidelito«) am 1. September

1951 Selbstmord des Präsidentschaftskandidaten Eduardo Chibas; Fidel Castro als selbsternannter geistiger Erbe Chibas', Ortodoxo-Kandidatur Castros für Wahlen zum Kongreß

1952 Militärputsch unter General Batista, Annullierung der Präsidentschaftswahlen

1953 Fehlgeschlagener Überfall Castros und seiner Anhänger auf die Moncada-Kaserne in Santiago de Cuba sowie in Bayamo am 26. Juli; anschließender Prozeß gegen Castro und seine historische Abschlußrede ›Die Geschichte wird mich freisprechen‹, Verurteilung zu 15 Jahren Haft, jedoch

1955 vorzeitige Haftentlassung Fidel Castros und Exil in Mexiko

1956 Kooperation Che Guevaras mit Castro in Mexiko und im Dezember Landung der beiden mit 80 Gesinnungsgenossen an der Küste Kubas; Beginn des Guerillakriegs gegen Batista in der Sierra Maestra

1959 Sieg von Castros Bewegung M–26–7 über Batista am 1. Januar; Beginn doppelgleisiger Herrschaft von bürgerlichgemäßigter Regierung einerseits und zunehmend kommunistisch dominierten Institutionen andererseits; erste Agarreform; Verurteilung von Huber Matos zu 20 Jahren Haft; Versuch einer Industrialisierungspolitik »weg vom Zucker«

1960 Verschlechterung der amerikanisch-kubanischen Beziehungen; CIA-Entscheidung über Aufbau und Training exilkubanischer Einheiten mit dem Ziel eines Umsturzes auf Kuba; Verstaatlichung in- und ausländischer Unternehmen auf Kuba; Wirtschaftsembargo durch die USA

1961 Abbruch der diplomatischen Beziehungen der USA zu Kuba; exilkubanische Invasion in der Schweinebucht (Playa Girón) mit amerikanischer Unterstützung im April; Verkündung des »sozialistischen Charakters« der Revolution durch Castro; Alphabetisierungskampagne und »Jahr der Erziehung«

1962 Internationale Isolation Kubas durch Ausschluß aus OAS; atomare Kriegsdrohung durch Raketenkrise im Oktober; Abzug sowjetischer Trägersysteme von Kuba, US-Garantie auf künftige Nicht-Intervention in Kuba

1963 Zweite Agarreform; Beginn extremer wirtschaftlicher Anlehnung an die UdSSR, Rückkehr zur Zuckermonokultur mit der UdSSR als Hautpabnehmer des »weißen Goldes«

1965 Rücktritt Che Guevaras von allen Ämtern und Abreise aus Kuba in Richtung Kongo

1966 Trikontinentale Konferenz in Havanna

1967 Ermordung Che Guevaras in Bolivien

1968 Radikale Verstaatlichungspolitik auch gegenüber Kleinbetrieben; Castro begrüßt die Invasion der Warschauer-Pakt-Staaten in der Tschechoslowakei

1970 Scheitern der Gran Zafra, der 10-Millionen-Tonnen-Zuckerernte; Beginn der Institutionalisierung der Revolution, Planwirtschaft nach sowjetischem Vorbild

1972 Kuba Mitglied im COMECON

1975 Erster Parteikongreß der bereits 1965 gegründeten Kommunistischen Partei Kubas, Übernahme der wichtigsten Ämter durch Fidel Castro

1975–1988
Starkes militärisches Engagement in Afrika, in

erster Linie im ehemals portugiesischen Angola

1976 Neue Verfassung; Fidel Castro Inhaber der wichtigsten Staats- und Parteiämter, sein Bruder Raúl Stellvertreter

1980 Ausreise von über 120 000 Kubanern in die USA; Zulassung privater Bauernmärkte als Antwort auf wirtschaftliche Not

1986 Politik der *Rectificación* (»Berichtigung«) als Antwort auf die Perestrojka Gorbatschows: wieder Abschaffung der Bauernmärkte, Rückbesinnung auf kubanischen Nationalismus

1989 Gorbatschow-Besuch; Festhalten Kubas am Sozialismus; Verurteilung und Hinrichtung von General Ochoa

1990 Zusammenbruch der sozialistischen Staatensysteme in Osteuropa und Beginn einer extremen Wirtschaftskrise in Kuba

1991 Verkündung der »Sonderperiode« in der kubanischen Wirtschaft mit kriegswirtschaftlichen Beschränkungen; verbreitete Not der Bevölkerung; Tourismus entwickelt sich als wichtiges Betätigungsfeld für Joint-Ventures mit ausländischen Unternehmen

1992 Verschärfung der US-Embargo-Politik durch »Torricelli-Gesetz«

1993 Freigabe des Dollars signalisiert Tiefpunkt der Wirtschaftskrise, weiterhin große Not trotz behutsamer wirtschaftlicher Liberalisierung

1994 *Habanazo*: erste offene Revolten in Havanna gegen das Regime, Ausreise von Zehntausenden mit Flößen in die USA

1996 Abschuß zweier Leichtflugzeuge durch die kubanische Luftwaffe, im Anschluß Helms-Burton-Gesetz der USA mit verschärfter Embargo-Politik

1997 Überführung der sterblichen Überreste Che Guevaras in ein Mausoleum bei Santa Clara

1998 Besuch von Papst Johannes Paul II. und zeitweilige politische Öffnung

2000 Diplomatisches Tauziehen zwischen den USA und Kuba um den Flüchtlingsjungen Elian endet mit Erfolg Castros

2001 Zum 40. Jahrestag der Invasion in der Schweinebucht Bekräftigung des Sozialismus auf Kuba durch Fidel Castro

2002 Die USA internieren im Gefolge des Terroranschlags vom 11. September 2001 mutmaßliche al-Quaida-Kämpfer in der von ihnen kontrollierten Guantanamo-Bay.

Bibliographie

Die nachfolgend genannten Werke stellen eine Auswahl der mittlerweile unübersehbaren Literatur über Fidel Castro dar. Es wurden auch einige wenige Aufsätze aufgenommen, die für das vorliegende Buch von besonderer Bedeutung waren.

Werke Fidel Castros und Selbstzeugnisse

Betto, Frei: Nachtgespräche mit Fidel, Fribourg 1987, 3. Aufl.

Bonachea, Roland E. und **Nelson P. Valdes** (Hg.): Revolutionary Struggle 1947–1958. Selected Works of Fidel Castro, Cambridge, MA 1972

Castro Ruz, Fidel: La Historia me absolverá, englischer Text einfach zugänglich über folgende Internetadresse: http://library.thinkquest.org/18355/fidel_castro_s_speech.html

Conte Agüero, Luis: Cartas del Presidio, La Habana 1959

Fanal Kuba. Reden und Schriften 1960–1962, mit einem Vorwort von Blas Roca, Berlin 1963

Fürntratt-Kloep, Ernst Fidel: Unsere Herren seid Ihr nicht! Das politische Denken des Fidel Castro, Köln 2000

Pages, Beatriz: Can Cuba Survive? An Interview with Fidel Castro, Melbourne 1992

El Pensamiento de Fidel Castro, 2 Bde., La Habana 1983

Playa Girón: A Victory of the People, La Habana 1961

Political, Economic, and Social Thought of Fidel Castro, La Habana 1959

La Revolución de Octubre y la Revolución Cubana, La Habana 1977

Shnookal, Deborah und **Pedro Alvarez Tabio**: My Early Years, by Fidel Castro, Melbourne 1998

Sonstige Literatur

Allemann, Fritz René: Macht und Ohnmacht der Guerilla, München 1974

Anderson, Jon Lee: Che. Die Biographie, Düsseldorf 1997

Batista y Zaldivar, Fulgencio: Cuba Betrayed, New York 1962

Bonsal, Philip W.: Cuba, Castro, and the United States, Pittsburgh 1971

Borge, Tomás: Face to Face With Fidel Castro, Melbourne 1993

Bourne, Peter G.: Fidel Castro. »Máximo Lider« der kubanischen Revolution, München 1990

Brauburger, Stefan und Guido Knopp (Hg.): Die Nervenprobe. Schauplatz Kuba: Als die Welt am Abgrund stand, Frankfurt a. M. 2002

Burchardt, Hans-Jürgen: Kuba: Der lange Abschied von einem Mythos, Stuttgart 1996

Burchardt, Hans-Jürgen: Kuba. Im Herbst des Patriarchen, Stuttgart 1999

Calvo Ospina, Hernando: Im Zeichen der Fledermaus. Bacardi und der geheime Krieg gegen Kuba, Köln 2002

Castaneda, Jorge G.: Che Guevara. Biographie, Frankfurt 1998

Casuso, Teresa: Cuba und Castro, Köln 1962

Chang, Laurence und **Peter Kornbluh** (Hg.): The Cuban Missile Crisis. A National Security Archive Documents Reader, New York 1992

CIA Targets Fidel. Secret 1967 CIA Inspector General's Report on Plots to Assassinate Fidel Castro, Melbourne 1996

Crocker, Chester A.: High Noon in Southern Africa. Making Peace in a Rough Neighborhood, Johannesburg 1993

Cuba. DuMont visuell, Köln 2000

Draper, Theodore: Castro's Revolution, New York 1962

Draper, Theodore: Castroism. Theory and Practice, London 1965

Elliston, Jon (Hg.): Psy War on Cuba. The Declassified History of U.S. Anti-Castro Propaganda, Melbourne 1999

Exenberger, Andreas: Außenseiter im Weltsystem. Die Sonderwege von Kuba, Libyen und Iran, Frankfurt a. M. 2002

Fernández, Alina: Ich, Alina. Mein Leben als Fidel Castros Tochter, Reinbek 1998

Franklin, Jane: Cuba and the United States. A Chronological History, Melbourne 1997

Franqui, Carlos: Diary of the Cuban Revolution, New York 1980

Franqui, Carlos: Family Portrait With Fidel. A Memoir, New York 1985

García, Fernando Diego: Che. Der Traum des Rebellen, Berlin 1997, 2. Aufl.

García Márquez, Gabriel: Mein Freund Castro, in: Die Zeit Magazin, 25. Juli 1997

García Márquez, Gabriel: A Personal Portrait of Fidel, in: Shnookal, Deborah und Tabio, Pedro Alvarez: My Early Years, by Fidel Castro, Melbourne 1998

Geyer, Georgie Anne: Guerilla Prince: The Untold Story of Fidel Castro, Boston 1991

Goldenberg, Boris: Lateinamerika und die kubanische Revolution, Köln 1963

Goodsell, James N. (Hg.): Fidel Castro's Personal Revolution in Cuba 1959–1973, New York 1975

Graubard, Stephen: Kissinger. Zwischenbilanz einer Karriere, Hamburg 1974

Greiner, Bernd: Kuba-Krise. 13 Tage im Oktober: Analysen, Dokumente, Zeitzeugen, Nördlingen 1988

Gross, Horst-Eckart (Hg.): Guevara, Ernesto Che. Cubanisches Tagebuch, Bd. 2, Bonn 1997

Guillermoprieto, Alma: Kommandantendämmerung, in: Lettre International, Heft 45, 1999, S. 68–72

Habel, Jeanette: Kuba – Gesellschaft im Übergang, Köln 1997

Hanf, Walter: Castros Revolution. Der Weg Kubas seit 1959, München 1989

Herzka, Alfred: Kuba. Abschied vom Kommandanten?, Frankfurt am Main 1998

Hoffmann, Bert: Kuba, München 2000

Horowitz, Irving Louis (Hg.): Cuban Communism, o. O. 1970

Juchler, Ingo: Revolutionäre Hybris und Kriegsgefahr: Die Kuba-Krise von 1962, in: Vierteljahreshefte für Zeitgeschichte (1) 1993, S. 79–100

Kornbluh, Peter (Hg.): Bay of Pigs Declassified – The Secret CIA Report on the Invasion of Cuba, New York 1998

Krämer, Raimund: Der alte Mann und die Insel. Essays zu Politik und Gesellschaft in Kuba, Berlin 1998

Lechuga, Carlos: In the Eye of the Storm. Castro, Khrushchev, Kennedy, and the Missile Crisis, Melbourne 1995

LeoGrande, William M.: Cuba's Policy in Africa, 1959–1980, Berkeley, CA 1980

Llerena, Mario: The Unsuspected Revolution. The Birth and Rise of Castroism, Ithaca, NY 1978

Lockwood, Lee: Castro's Cuba, Cuba's Fidel. An American Journalist's Inside Look at Today's Cuba – in Text and Picture, New York 1969

Lorenz, Marita: Lieber Fidel. Mein Leben, meine Liebe, mein Verrat, München 2001

Martin, Lionel: The Early Fidel. Roots of Castro's Communism, Secaucus, NJ 1978

Matthews, Herbert L.: Fidel Castro, New York 1970

Matthews, Herbert L.: Revolution in Cuba. An Essay in Understanding, New York 1975

Mencia, Mario: The Fertile Prison: Fidel Castro in Batista's Jails, New York o. J.

Meneses, Enrique: Fidel Castro. Beschreibung einer Revolution, München 1968

Mesa-Lago, Carmelo: Cuba After the Cold War, Pittsburgh 1993

Mesa-Lago, Carmelo (Hg.): Revolutionary Change in Cuba, Pittsburgh 1971

Miller, Nicola: Soviet Relations With Latin America, 1959–1987, New York 1989

Moore, Juan Carlos: Castro, the Blacks and Africa, Berkeley, CA 1988

Nuñez Jiménez, Antonio: Unterwegs mit Fidel, Berlin 1986

Oppenheimer, Andres: Castro's Final Hour: The Secret Strory Behind the Coming Downfall of Communist Cuba, New York 1992

Paterson, Thomas G.: Contesting Castro. The United States and the Triumph of the Cuban Revolution, New York 1994

Perez Jr., Louis A.: On Becoming Cuban. Identity, Nationality, and Culture, Chapel Hill 1999

Quirk, Robert E.: Fidel Castro. Die Biographie, Berlin 1996

Sinclair, Andrew: Che Guevara, München 1970

Skierka, Volker: Fidel Castro. Eine Biographie, Berlin 2001

Smith, Doug und **Ted Anderson** (Hg.): Osvaldo Salas und Roberto Salas: Kuba. Eine Revolution in Bildern, Berlin 1999

Suchlicki, Jaime: Cuba, Castro, and Revolution, Coral Gables, FLA 1972

Szulc, Tad: Fidel. A Critical Portrait, New York 1986

Thomas, Hugh: Castros Cuba, Berlin 1984

Thomas, Hugh: Cuba or The Pursuit of Freedom. Updated edition, New York 1998

Urrutia Lleó, Manuel: Fidel Castro & Company, Inc.: Communist Tyranny in Cuba, New York 1964

Zeuske, Michael: Insel der Extreme. Kuba im 20. Jahrhundert, Zürich 2000

Zeuske, Michael: Kleine Geschichte Kubas, München 2000

Register

Bildnachweis

AKG, Berlin 1, 44, 54
Bettmann/CORBIS 42, 47, 49
Bohemia 21
Lester Cole 36
Cuban Information Archives, Gordon Wilkes 13, 16, 17, 18, 19, 20, 24, 26, 27, 37, 41
dpa, Frankfurt/M. 52, 55, 56, 57
Mary Hodgkins 3
John F. Kennedy Memorial Library, Boston, MA 43
Pat Oliphant, courtesy of United Press Syndicate 2
Osvaldo Salas 15, 22, 29, 32, 39, 48

dtv portrait

Herausgegeben von Martin Sulzer-Reichel
Originalausgaben

Biographien bedeutender Frauen und Männer aus Geschichte, Literatur, Philosophie, Kunst und Musik

Hannah Arendt
Von Ingeborg Gleichauf
dtv 31029

Bettine von Arnim
Von Michaela Diers
dtv 31052

Johann Sebastian Bach
Von Malte Korff
dtv 31030

Ingeborg Bachmann
Von Joachim Hoell
dtv 31051

Thomas Bernhard
Von Joachim Hoell
dtv 31041

Hildegard von Bingen
Von Michaela Diers
dtv 31008

Otto von Bismarck
Von Theo Schwarzmüller
dtv 31000

Heinrich Böll
Von Viktor Böll
und Jochen Schubert
dtv 31063

Die Geschwister Brontë
Von Sally Schreiber
dtv 31012

Giordano Bruno
Von Gerhard Wehr
dtv 31025

Georg Büchner
Von Jürgen Seidel
dtv 31001

Frédéric Chopin
Von Johannes Jansen
dtv 31022

Joseph Conrad
Von Renate Wiggershaus
dtv 31034

Hedwig Courths-Mahler
Von Andreas Graf
dtv 31035

Marlene Dietrich
Von Werner Sudendorf
dtv 31053

Fjodor M. Dostojewskij
Von Christine Hamel
dtv 31066

Annette von Droste-Hülshoff
Von Winfried Freund
dtv 31002

Alexandre Dumas
Von Günter Berger
dtv 31061